普通高等教育基础医学类系列配套教材

供基础、临床、预防、口腔、护理等医学类专业使用

医学微生物学实验教程

杨 靖 欧 琴 主编

科学出版社
北京

内 容 简 介

本教材是一本服务基础、紧密联系临床和科研实际的实验教材,编写的原则是在着重基本技能训练的基础上,主要突出了新颖性及注重综合能力和创新能力的培养,为学生提供了研究方向,也有利于学科研究水平的有序推进。本教材内容按照基本型实验、经典型实验、综合型实验和创新型实验的顺序编写,体现了操作技术由基本到验证、由综合应用到创新的过程。综合型实验和创新型实验在实际教学中要有选择地取舍,主要培养学生的整体思维、逻辑思维和独立学习能力。通过分析典型医学病原微生物学病例,引导学生将理论与临床实际问题相联系。

本教材适用于临床、麻醉、影像、检验、口腔、药学、全科医学和生物科学等本科专业,兼顾护理本、专科的医学病原微生物学实验教学。同时,本教材也可作为本科生开展科学研究的参考书。

图书在版编目(CIP)数据

医学微生物学实验教程 / 杨靖, 欧琴主编. —北京: 科学出版社, 2017.1

普通高等教育基础医学类系列配套教材
ISBN 978-7-03-050365-7

Ⅰ. ①医… Ⅱ. ①杨… ②欧… Ⅲ. ①医学微生物学—实验—高等学校—教材 Ⅳ. ①R37-33

中国版本图书馆 CIP 数据核字(2016)第 261499 号

责任编辑:闵 捷 朱 灵
责任印制:谭宏宇 / 封面设计:殷 靓

科 学 出 版 社 出版
北京东黄城根北街 16 号
邮政编码:100717
http://www.sciencep.com

南京展望文化发展有限公司排版
广东虎彩云印刷有限公司印刷
科学出版社发行 各地新华书店经销

*

2017 年 1 月第 一 版　开本:787×1092　1/16
2025 年 7 月第十五次印刷　印张:8
字数:171 000

定价:35.00 元
(如有印装质量问题,我社负责调换)

《医学微生物学实验教程》编委会

主　编

杨　靖　欧　琴

副主编

位秀丽　徐　祥　李　蓓　金志雄

编　者

（以姓氏笔画为序）

王　娅（湖北医药学院基础医学院）
付红霞（湖北医药学院附属太和医院）
冯桂香（湖北医药学院基础医学院）
朱明磊（湖北医药学院基础医学院）
李　蓓（湖北医药学院基础医学院）
李治军（湖北医药学院基础医学院）
李晓花（东风医疗集团茅箭医院）
余春芳（湖北医药学院基础医学院）
杨　靖（湖北医药学院附属人民医院）
杨飞翔（湖北医药学院附属东风医院）
邱　红（湖北医药学院附属东风医院）
吴文琴（湖北医药学院附属太和医院）
位秀丽（湖北医药学院基础医学院）
周琳琳（四川大学华西基础医学与法医学院）
金志雄（湖北医药学院基础医学院）
欧　琴（湖北医药学院基础医学院）
胡筱梅（湖北医药学院附属东风医院）
郭　俊（湖北医药学院附属东风医院）
徐　祥（湖北医药学院基础医学院）

前　言

病原生物学是基础医学中的一门重要学科，也是一门技术性很强的实验学科，其独树一帜的实验技术在学科发展中占据突出的地位。为适应学科的发展和实验改革的需要，培养实用性和具有创新精神的人才，我们在长期的医学病原微生物学教学经验积累和自编教材的基础上，为适应将来我校多层次的教学需要，根据新版教学大纲要求，参照国内外出版物及兄弟院校的经验，联合附属医院相关专业专家编写了本教材。本教材是一本服务基础、紧密联系临床和科研实际的实验教材，编写的原则是在着重基本技能训练的基础上，主要突出新颖性及注重综合能力和创新能力的培养，为学生提供研究方向，也有利于学科研究水平的有序推进。本教材内容按照基本型实验、经典型实验、综合型实验和创新型实验的顺序编写，体现了操作技术由基本到验证，由综合应用到创新的过程。综合型实验和创新型实验在实际教学中要有选择的取舍，主要培养学生的整体思维、逻辑思维和独立学习能力。通过分析典型医学病原微生物学病例，引导学生将理论与临床实际问题相联系。

本教材适用于临床、麻醉、影像、检验、口腔、药学、全科医学和生物科学等本科专业，兼顾护理本、专科的医学病原微生物学实验教学。同时，本教材也可作为本科生开展科学研究的参考书。

本教材的出版得到了湖北医药学院领导、教务处及教材科的大力支持与帮助，在此表示衷心的感谢。

本教材编写过程中,得到了全体编委的大力支持。限于编者的水平和能力,在内容和编排上如有缺漏之处,恳请广大同行和读者批评指正。谢谢!

主 编

2016年8月8日

目 录

前言

绪论 ·· 001
    一、实验目的与要求 ·· 001
    二、实验室规则 ··· 001
    三、实验内容和方法 ·· 002

第一章 基本型实验 ·· 003
第一节 细菌形态结构的观察 ·· 003
    一、光学显微镜油镜镜头的使用 ·· 003
    二、细菌基本形态及特殊结构的观察 ··· 004
    三、细菌不染色标本检查 ·· 004
    四、革兰染色 ·· 006
    五、细菌特殊结构染色 ··· 008

第二节 细菌的人工培养 ·· 009
    一、常用培养基制备 ·· 009
    二、细菌的分离培养与生长状态的观察 ·· 010
    三、平板菌落计数 ·· 013

第三节 消毒灭菌技术 ··· 014
    一、热力灭菌 ·· 014
    二、过滤除菌 ·· 017
    三、紫外线杀菌 ··· 018
    四、化学消毒灭菌法 ·· 018

第四节 细菌的药物敏感性试验 ·· 019
    一、纸片扩散法 ··· 019
    二、稀释法 ··· 021

第五节 细菌的遗传与变异 ··· 023
  一、细菌变异现象的观察 ··· 023
  二、细菌耐药质粒的提取与转化 ··· 025
  三、R 因子传递试验 ··· 027

第六节 细菌代谢产物的检测 ·· 027
  一、单糖发酵试验 ·· 027
  二、IMViC 试验 ··· 028
  三、H_2S 试验 ··· 030
  四、尿素酶试验 ··· 030
  五、内毒素的检测 ·· 031

第二章 经典型实验 ·· 033

第一节 化脓性球菌检测 ··· 033
  一、常见化脓性球菌的形态观察 ··· 033
  二、常见化脓性球菌的培养特征 ··· 034
  三、血浆凝固酶试验 ··· 034
  四、触酶试验 ·· 035
  五、耐热核酸酶试验 ··· 036
  六、ASO 试验（ASO） ·· 036
  七、胆汁溶菌试验 ·· 037
  八、氧化酶试验 ··· 038

第二节 肠道杆菌检测 ·· 039
  一、肠道杆菌的形态观察 ··· 039
  二、肠道杆菌的培养特征 ··· 039
  三、肠道杆菌的生化反应 ··· 040
  四、肥达（Widal）试验 ··· 041

第三节 厌氧性细菌检测 ··· 043
  一、常见厌氧芽孢梭菌的形态观察 ·· 043
  二、常见厌氧芽孢梭菌的培养特征 ·· 044
  三、"汹涌发酵"试验 ··· 045
  四、脂酶试验 ·· 046
  五、产气荚膜梭菌动物试验 ·· 046

第四节 呼吸道感染细菌检测 ·· 047
  一、常见呼吸道感染细菌形态观察 ·· 047
  二、结核分枝杆菌和白喉棒状杆菌培养特征 ·· 048

三、分枝杆菌菌种鉴定 ……………………………………………………………… 048
　　四、抗酸染色 ……………………………………………………………………… 049
　　五、结核菌素试验 ………………………………………………………………… 049
　　六、流感嗜血杆菌卫星试验 ……………………………………………………… 050
第五节　其他微生物检测 ………………………………………………………………… 051
　　一、其他微生物的形态观察 ……………………………………………………… 051
　　二、其他微生物的培养特征 ……………………………………………………… 052
　　三、炭疽芽孢杆菌串珠实验 ……………………………………………………… 052
　　四、放线菌属硫黄样颗粒检测 …………………………………………………… 053
　　五、梅毒螺旋体 RPR 试验 ………………………………………………………… 054
　　六、解脲脲原体脲酶试验 ………………………………………………………… 055
　　七、外斐(weil-felix)反应 ………………………………………………………… 056
第六节　真菌学实验 ……………………………………………………………………… 057
　　一、真菌形态结构观察 …………………………………………………………… 057
　　二、真菌的培养特征 ……………………………………………………………… 059
　　三、常见浅部感染真菌检测 ……………………………………………………… 060
　　四、常见深部感染真菌检测 ……………………………………………………… 060
第七节　病毒 ……………………………………………………………………………… 062
　　一、病毒的鸡胚培养 ……………………………………………………………… 062
　　二、病毒的组织培养 ……………………………………………………………… 064
　　三、空(蚀)斑形成试验 …………………………………………………………… 066
　　四、流感病毒的血凝试验 ………………………………………………………… 066
　　五、血细胞凝集抑制试验 ………………………………………………………… 068
　　六、胶体金标记抗体一步法检测 HBsAg ………………………………………… 069
　　七、ELISA 检测 HIV 抗体 ………………………………………………………… 070

第三章　综合型实验 ……………………………………………………………………… 073
　　一、脓汁标本病原微生物的分离鉴定 …………………………………………… 073
　　二、痰液标本病原微生物的分离鉴定 …………………………………………… 075
　　三、尿液标本病原微生物的分离鉴定 …………………………………………… 078
　　四、生殖道标本病原微生物的分离鉴定 ………………………………………… 080
　　五、粪便标本病原微生物的分离鉴定 …………………………………………… 082
　　六、血液标本病原微生物的分离鉴定 …………………………………………… 084
　　七、脑脊液标本病原微生物的分离鉴定 ………………………………………… 086
　　八、组织标本病原微生物的分离鉴定 …………………………………………… 088

九、鲜奶中微生物的检测 ··· 091

第四章　创新型实验 ·· 094
　　一、药用植物内生菌的多样性分析 ··· 094
　　二、幽门螺杆菌小鼠感染模型的建立及鉴定 ··· 095
　　三、结核分枝杆菌临床分离株耐药性分析 ·· 096
　　四、肺炎克雷伯菌CRP调控子对细菌毒力及生物膜形成的影响 ··················· 097
　　五、医院鲍曼不动杆菌的分布及耐药性研究 ··· 098

第五章　病例分析 ·· 100
　　病例一 ··· 100
　　病例二 ··· 100
　　病例三 ··· 100
　　病例四 ··· 101
　　病例五 ··· 101
　　病例六 ··· 101
　　病例七 ··· 102
　　病例八 ··· 102
　　病例九 ··· 103

附录 ··· 104
　　一、实验设计 ·· 104
　　二、实验室常见意外事故的处理 ··· 105
　　三、菌种保存 ·· 106
　　四、常用试剂及培养基制备 ··· 110
　　五、国家临床执业医师医学综合笔试大纲（医学微生物学部分，2016年）········ 115

绪 论

医学病原微生物学实验教学是病原生物学教学的重要组成部分，是临床微生物等感染疾病的主要诊断依据，也是培养学生实际操作、思维、科研和创新能力的基础。随着社会经济的发展、世界文化的交流、人类生活的改善和行为方式的改变以及环境、气候的变化，人类感染性疾病的"病原谱"也在发生着变化，多重耐药性病原体的产生和新发病原体因子的出现，使人类仍面临着与病原微生物斗争的严峻挑战。

一、实验目的与要求

通过实验，加深、巩固对理论内容的理解与记忆；学习、掌握医学病原微生物学的基本实验方法和操作技术，树立无菌观念；通过综合型和创新型实验设计的讨论与实验结果的分析，培养学生科学的态度、思维方法以及独立分析问题和解决问题的能力。病例分析做到了理论联系实际，为以后的临床工作奠定坚实的基础。

为了提高实验课效果，保证实验课质量，要求学生做到：

(1) 每次实习前必须做好预习，明确实验目的、原理、方法及操作中的注意事项等，避免和减少发生错误。

(2) 实验过程中必须持严肃认真的态度。对操作的实验要按步骤依次进行操作，并进行积极的思考，对示教内容要仔细观察并与有关理论密切联系。

(3) 如实记录，分析结果，得出结论。

(4) 独立或协同完成实验，书写实验报告要字迹清楚，语言简练，表格清晰，画图应力求反映实际标本的原状。

(5) 遵守实验室规则。

二、实验室规则

病原生物学实验的对象大多为病原微生物，教学活动涉及实验室生物安全。避免实验操作人员感染，防治实验室污染源泄露对环境和公众健康的威胁。同时，为培养学生严肃态度、严格作风、严密方法的科学工作习惯，保证实验的效果，在实验教学中应严格遵守实验室生物安全的规范：

(1) 书包、衣物等勿带入室内。实验必备的书籍和文具等应放置在非操作区，以免污染。

(2) 进入实验室应穿好隔离衣、戴好帽子和口罩。

(3) 保持实验室肃静和秩序，不得高声谈笑和随处走动。

(4) 实验室内禁止饮食和吸烟,不得用嘴舔湿铅笔和标签等。

(5) 认真进行各项实验,严格掌握无菌技术。

(6) 实验中发生差错或意外事故时,应立即报告教师及时处理。切勿隐瞒或自作主张不按规定处理。如发生有病原材料污染桌面、衣物等,应立即用抹布浸蘸2%~3%甲酚皂溶液(来苏儿)或5%苯酚溶液,覆在污染部位,经半小时后方可抹去。如手上沾有活病原微生物也应用上述消毒液浸泡10 min左右,再以肥皂及自来水反复洗净。

(7) 易燃物品(酒精、二甲苯等)不准接近火源。一旦起火,应迅速用沾水的布类和沙土覆盖扑火。

(8) 要爱护室内仪器设备,按使用规则操作,不得随意拨动电器开关。显微镜用后要擦净,各功能部件复位,登记使用情况后放入显微镜柜内。要节约使用实验材料,如不慎损坏了器材等,应报告教师进行登记。

(9) 实验完毕应整理桌面,关好水、电及煤气开关。

(10) 离开实验室前应洗手,必要时用消毒液泡手,再用自来水冲洗干净。轮流值日,保持实验室的整洁,关好水电、门窗再行离去。

三、实验内容和方法

1. **电视录像** 实验教学中,多安排有电视录像播放,规范的实验操作或临床标本检测技术有助于缺乏临床知识的学生理解和掌握实验技能。

2. **标本观察** 微生物标本一般分为借助显微镜的玻片染色标本和肉眼观的菌落标本两种,菌体可为死、活菌,部分具有传染性。微生物主要是一些细菌、真菌形态的观察。细菌一般用1 000倍的油镜观察,多数真菌可用400倍的高倍镜观察。观察标本时,适当调整显微镜聚光器的高度、光圈的大小和光源的强度,使物像清晰(图0-1)。

3. **污染物处理** 实验过程产生的废弃物、玻片、标本和培养物等必须放入固定收集器或消毒缸中,由实验室管理人员集中处理,不得擅自丢弃或排入下水道。实验结束,只有未受到污染的物品才能带出实验室。

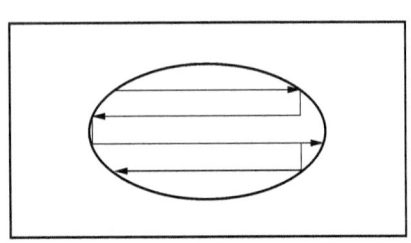

图0-1 顺序观察标本示意图

第一章

基本型实验

第一节 细菌形态结构的观察

一、光学显微镜油镜镜头的使用

观察细菌最常用的仪器是光学显微镜,细菌的大小通常以微米(μm)为单位,需借助油镜放大至1 000倍才能看清楚。

【实验目的】
(1) 了解显微镜的基本结构。
(2) 掌握油镜的使用方法。

【实验材料】
显微镜、待检细菌标本片、香柏油、镜头清洗液、擦镜纸。

【实验方法】

1. 油镜的识别　油镜镜头上标有"100×";镜头前端有白色或红色的圆圈;刻有"Ⅲ"或"Oil"等,其入光孔径较其他物镜小。

2. 油镜的使用

(1) 取镜:一手紧握镜臂,另一手托住镜座,取出显微镜并将其平稳地安放在实验台适宜处。

(2) 固片:将标本(涂面向上)置于载物台上,保持水平状态,以免液体标本或香柏油流动。

(3) 对光:打开显微镜底座电源开关,聚光器升到最高,打开光圈,使光线通过涂片区。检查不染色的标本时,可适当用弱光(聚光器适当下降,光圈适当缩小)。

(4) 查找:在低倍镜(头)下找到标本涂片区,抬起镜头,在标本上滴加一滴香柏油,换用油镜镜头,从侧面观察,缓慢转动粗调节器,使载物台缓缓上升至油镜浸入油中接近玻片为止(注意调节粗调节器时不要用力过猛、过急,以免损坏镜头或压坏标本)。通过目镜观察,仔细转动粗调节器,若发现有物像闪过,再来回转动细调节器,直到获得清晰的物像。

3. 显微镜维护　操作结束后,先用擦镜纸擦去镜头上的油,然后用擦镜纸蘸少许镜头清洗液擦拭,再用干净的擦镜纸擦干。最后,转动两个物镜(头)呈"八"字形,降低聚光器,转动粗调节器下移镜筒,将显微镜装入镜箱。

【实验原理】

由于玻片和空气的密度差异,部分光线发生折射而散失,进入物镜的光线减少,物像不清。如图 1-1 所示,当在油镜与标本片之间滴加香柏油后,香柏油的折射率($n=1.515$)和玻璃的折射率($n=1.52$)相仿,增加了进入物镜光线的强度,使物像清晰。

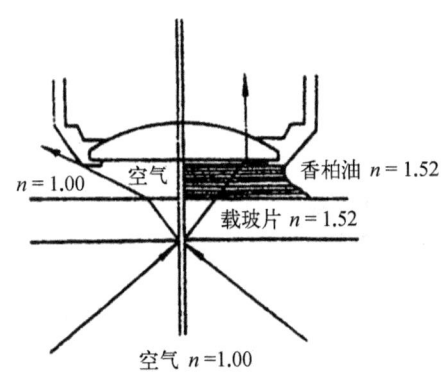

图 1-1　油镜加香柏油的原理

二、细菌基本形态及特殊结构的观察

细菌按其外形可分为球菌、杆菌和螺形菌三大类。球菌按其分裂后的排列方式又分为双球菌、链球菌、四联球菌、八叠球菌、葡萄球菌等。杆菌分为球杆菌、链杆菌、分枝杆菌、棒状杆菌等。螺形菌菌体弯曲,有的菌体只有一个弯曲,呈弧形或逗点状称为弧菌;有的菌体有数个弯曲,称为螺菌。某些细菌除了有细胞壁、细胞膜、细胞质和核质等基本结构外,还具有其他特殊结构,如荚膜、鞭毛、菌毛和芽孢。这些特殊结构有着各自不同的意义。

【实验目的】

掌握细菌的基本形态、特殊结构。

【实验材料】

(1) 显微镜。

(2) 观察标本:① 球菌:葡萄球菌、链球菌、脑膜炎奈瑟菌、淋病奈瑟菌。② 杆菌:大肠杆菌。③ 螺形菌:霍乱弧菌。④ 荚膜:肺炎链球菌荚膜。⑤ 鞭毛:变形杆菌鞭毛。⑥ 芽孢:破伤风杆菌芽孢。

【实验方法】

利用显微镜的油镜观察细菌形态与特殊结构。

【实验结果】

1. 球菌　见排列方式不同的各种球菌,而且革兰染色结果亦不同。
2. 杆菌　革兰阴性的短杆菌。
3. 弧菌　革兰阴性菌,菌体略带弯曲,呈弧形。
4. 细菌特殊结构观察

(1) 荚膜:菌体外围有一层较宽的透明区域。

(2) 芽孢:经芽孢染色后,可见菌体顶端或内部有一圆形直径大于菌体的结构。

(3) 鞭毛:通过鞭毛染色,可见菌体周围有细长弯曲的数根丝状物。

三、细菌不染色标本检查

细菌标本不经染色直接镜检,可观察活细菌的形态及其运动情况。许多杆菌和螺形菌有鞭毛,能运动,可定向地朝着一定方向移动。没有鞭毛的细菌,由于体重轻而受所处环境中液体分子的冲击,呈左右前后位置变化不大的颤动,无定向移动能力。利用不染色标本检查法,可在普通光学显微镜下直接观察活细菌的形态和运动,可鉴别细菌,包括悬滴法和压滴法。

【实验目的】

(1) 了解细菌动力的显微镜检查法。

(2) 观察有鞭毛菌与无鞭毛菌运动的特点。

【实验材料】

(1) 载玻片、凹玻片、凡士林、盖玻片、接种环、酒精灯。

(2) 变形杆菌及葡萄球菌 8~12 h 肉汤培养物。

【实验方法】

1. 悬滴法

(1) 取洁净凹玻片和盖玻片各一张,涂少许凡士林于凹玻片窝的周围。

(2) 分别取一环变形杆菌和葡萄球菌培养物,放于对应的盖玻片中央。

(3) 将涂凡士林的凹玻片反转(凹向下),使凹窝对准盖玻片的菌液滴置于其上,粘住盖玻片后再反转凹玻片(此时液滴悬于盖玻片下)用接种环柄轻压盖片周围,使其固定并密封,防止菌液变干,便于长时间观察(图1-2)。

(4) 凹玻片置于镜台上,将集光器稍降下,使视野内光线变暗。用低倍镜找出悬滴的边缘,然后换用高倍镜或油镜观察滴内细菌的形态和运动。

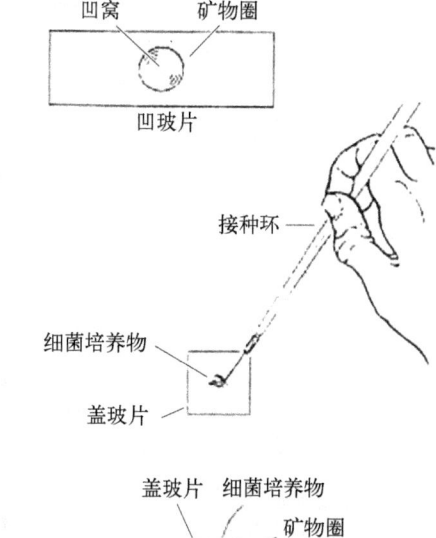

图 1-2 悬滴法

2. 压滴法

(1) 用接种环取菌液置于洁净的载玻片中央。

(2) 将擦净的盖玻片置于菌液上,加盖时,先用盖玻片一边接触菌液(或先使中央与液滴接触)缓缓放下盖玻片,防止玻片间产生气泡(否则视野过高影响观察结果),滴加菌液,其量以盖片后无菌液溢出盖玻片为度。

(3) 将载玻片置于镜台上,用低倍物镜找到标本,再换高倍物镜观察。本法较悬滴法简单,但标本容易干涸,不能长时间观察。

【实验结果】

1. 变形杆菌 有鞭毛,有改变位置的运动,即真正运动。

2. 葡萄球菌 无鞭毛,只在局部颤动,即布朗运动。

【实验原理】

有鞭毛的细菌运动称真正运动,也叫固有运动,其特点是细菌从一个地方游到另一个地方,可以改变位置;无鞭毛的细菌运动叫布朗运动,特点是不能改变位置,但是因液体分子的冲击,致使细菌在局部颤动,这种运动也称分子运动。

接种环又称为白金耳,接种针又称为白金线,是细菌取材或接种的常用工具,分别用于取液体和固体待检标本。

1. **结构** 接种环(针)由三部分组成,环(针)部分以用白金丝制成为佳,因易于传热、散热、不生锈而经久耐用。但因价格昂贵,通常多用镍合金丝代替。常用的接种环直径为3~4 mm,长40~50 mm,其一端固定于金属杆(多为铝制)上,金属杆的另一端为绝热柄(图1-3)。

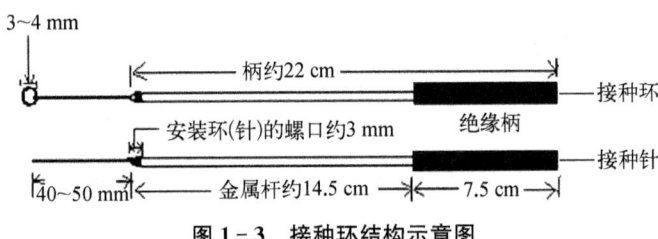

图1-3 接种环结构示意图

2. **用法** 使用时手持绝热柄,先在氧化焰中烧红镍丝部分,再平持接种环(针)使金属杆在火焰中通过3次,以达到灭菌的目的,冷却后即可取菌或待检标本。用毕后立即将染菌的镍丝部分先于还原焰中烧灼,再移于氧化焰中烧红,随后按上法将金属杆部分在火焰中通过3次,搁置于架上,切勿随手弃置,以免灼焦台面或其他物件。

四、革兰染色

形态学检查是鉴定细菌的重要一环。由于细菌个体小,无色透明,在显微镜下不易观察,经过适当方法染色,可帮助我们在镜下较清晰地观察其形态特征,从而协助鉴别细菌。

因细菌蛋白质等电点较低(pH 2~5),当它生长于中性、碱性或弱酸性的溶液中时常带负电荷,通常采用碱性染料(如亚甲蓝、酸性品红、甲紫等)使其着色。

染色方法有单染与复染之分。只用一种染料使细菌着色的方法称单染色法,如亚甲蓝(美蓝)染色法;用两种以上染料染色的方法叫复染色法,主要有革兰染色法、抗酸染色法;此外还有多种特殊染色法。革兰染色法是最常用的复染色法,可用于鉴别细菌、选择抗菌药物及细菌致病性等研究。

【实验目的】
(1) 掌握细菌涂片制作、革兰染色的方法及意义。
(2) 熟悉革兰染色法的原理。

【实验材料】
(1) 葡萄球菌和大肠杆菌混合液(18~24 h培养物)、牙垢。
(2) ① 结晶紫染液;② 碘液(媒染剂);③ 95%乙醇(脱色剂);④ 稀释苯酚复红液(复染剂)。
(3) 生理盐水、载玻片、接种环、酒精灯、牙签、显微镜、擦镜纸等。

【实验方法】
1. 涂片标本的制作(图1-4)
(1) 涂片:取洁净的载玻片一块,用蜡笔标记两区,用灭菌接种环取一环葡萄球菌和大肠杆菌混合液,在一端涂抹成直径约1 cm大的涂片。再用灭菌后的接种环取一环生理盐水放入玻片另一端,以牙签取口腔牙垢与生理盐水混匀,涂片(注意初次涂片,取菌量不应过大,以免造成菌体重叠)。

(2) 干燥:在空气中自然干燥,或在弱火焰上方烘干(切勿紧靠火焰,以防涂膜受损或变性)。

(3) 固定:将已干燥的涂片来回通过火焰3次(往返为1次)固定。固定的作用为:杀死细菌;使菌体蛋白质凝固,菌体牢固黏附于载片上,染色时不被染液或水冲掉;增加菌体对染料的结合力,使涂片易着色。

2. 染色(图1-4)

(1) 初染:加结晶紫染液盖满标本处,染色1 min后水洗,并将玻片上的积水轻轻甩掉。

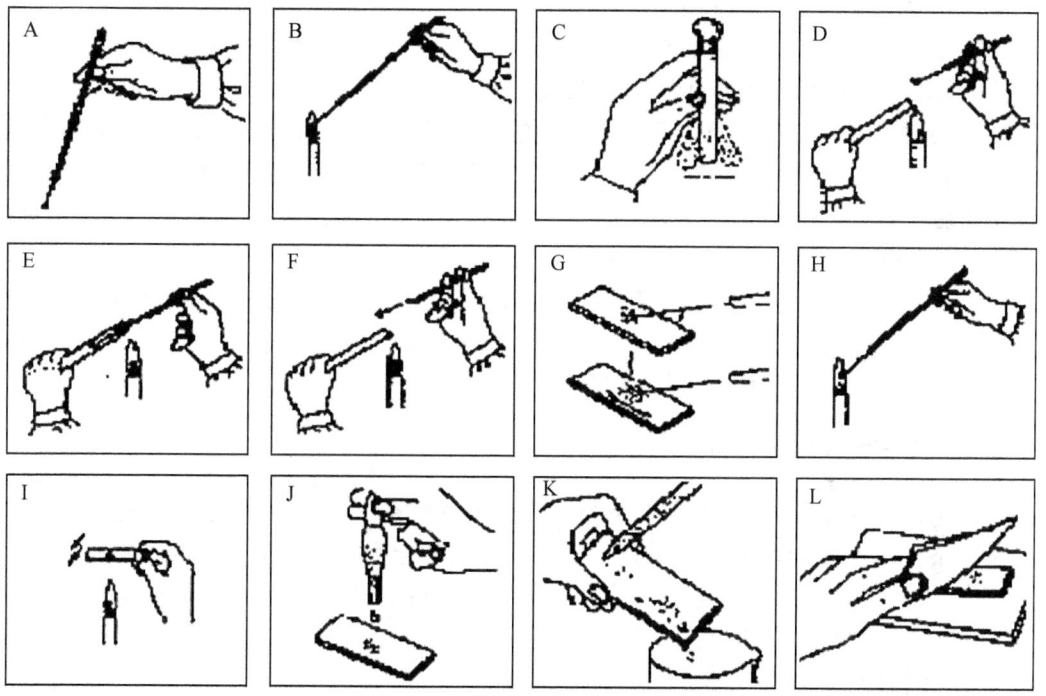

图1-4 细菌染色标本制作及染色过程
A. 取接种环;B. 烧灼接种环;C. 摇匀细菌;D. 烧灼管口;E. 取一环菌液;F. 取菌毕,烧灼管口,塞上塞子;G. 将菌液涂布在玻片上;H. 烧灼接种环;I. 固定;J. 染色;K. 水洗;L. 吸干

(2) 媒染:加碘液媒染1 min,水洗并甩掉积水。

(3) 脱色:滴加95%乙醇盖满标本,轻轻摇动玻片,直至流下乙醇无色或稍呈淡紫色为止(约30 s),水洗甩干。

(4) 复染:用稀释苯酚复红染液复染30 s,水洗,用滤纸轻轻吸干,待标本充分干燥后进行油镜镜检。

【实验结果】

显微镜下可见两种细菌的形态及染色性,葡萄球菌被染后呈紫色,为革兰阳性菌(G^+);大肠杆菌被染后呈红色,为革兰阴性菌(G^-)。牙垢涂片可见大量细菌,从形态上有球菌、杆菌和螺形菌,从染色性上可见紫色(G$^+$)和红色(G$^-$)。

【影响因素】

1. 操作因素　涂片太厚或太薄,菌体分散不均匀;染色过程中,使用强水流直接冲洗涂片区,影响结果观察。

2. 染色因素　乙醇脱色过度,革兰阳性菌可能被误染为革兰阴性菌,反之则革兰阴性菌可能被误染为革兰阳性菌,所以脱色时间要掌握好。

3. 细菌因素　被检菌的培养条件、培养基成分、菌龄的不同等原因会影响染色结果,如革兰阳性菌的陈旧培养物也有出现革兰阴性菌的可能,所以被检菌的菌龄一般最好在18~24 h之内。

【革兰染色原理】

1. 等电学说　革兰阳性菌等电点(pH 2~3)比革兰阴性菌(pH 4~5)低,一般染色液的酸碱度在pH 7左右,电离后前者带的负电荷比后者多,因此革兰氏阳性菌与带正电荷的甲紫(结晶紫)染料结合更为牢固,不易脱色。

2. 通透性学说　革兰阳性菌细胞壁结构致密,肽聚糖层厚,脂质含量少,乙醇不易透入,反而可使细胞壁脱水而形成一道屏障,阻止染料外渗。革兰阴性菌细胞壁疏松,肽聚糖层很薄,而外膜、脂蛋白、脂多糖均含有大量脂质,易被乙醇溶解,使细胞壁通透性增高,因此,细胞内的结晶紫—碘复合物容易被乙醇溶解而脱出。

3. 化学学说　革兰阳性菌细胞内含有某种特殊化学成分,一般认为是核糖核酸镁盐与多糖的复合物,它能够和染料—媒染剂复合物相互结合,使已着色的细菌不易脱色。革兰阴性菌细胞不含或者很少含化学成分。

五、细菌特殊结构染色

细菌常见的特殊结构有四种:荚膜、芽孢、鞭毛和菌毛,其中除菌毛外,其他三种都可以通过染色在普通光学显微镜下进行观察,作为菌种分类鉴定的重要依据,但是,这些特殊结构难以用普通染色方法着色,通常采用特殊的染色方法。细菌特殊结构染色方法较多,本书主要介绍细菌的鞭毛染色法。

【实验目的】

了解细菌的鞭毛染色。

【实验材料】

(1) 变形杆菌。

(2) 利夫森(Leifson)染色液。

(3) 滤纸片、酒精灯、接种环、吸水纸、擦镜纸、载玻片、盖玻片、蒸馏水、显微镜等。

【实验方法】

1. 清洗玻片　取光滑无划痕的玻片。为避免玻片彼此磨损,应将玻片放在特制的架上,然后用洗衣粉过滤液(洗衣粉煮沸后用滤纸过滤)煮沸20 min。煮毕稍冷却后取出,用清水洗净,再放入浓洗液中浸泡24 h左右,取出后用清水冲洗残酸,最后用蒸馏水洗净,沥干水并放于95%乙醇中脱水,取出玻片,用火焰烧去乙醇,立即使用。

2. 菌液的制备　将变形杆菌在新制备的肉膏蛋白胨斜面培养基上(斜面下部要有少

量冷凝水),连续移种 5~7 次,每次培养 12~16 h,最后一代培养 9~12 h。向斜面培养基中加 3~5 mL 先在恒温箱中预热的无菌水,静置 10~20 min,使细菌游出配成稀薄的菌悬液,注意静置的时间不能太长,因为时间长了鞭毛可能脱落。

3. 制片　在洁净载玻片上用尖蜡笔划 4 个相等的区域。将载玻片斜放,用接种环在每小格顶端加一滴菌悬液,流下的菌悬液用纸吸去,平放,自然干燥。

4. 染色　在第一个小格加 5 滴染色液,经过 5 s、10 s、15 s 后,分别在第 2~4 个小格中滴加染色液,仔细观察染色液中有很细的沉淀物(铁锈色云雾状物)产生,当第 1、第 2 小格已产生沉淀时,立即用水洗去染色液,室温下使载玻片干燥,然后在油镜下进行观察。

注意事项:① 载玻片要求干净、无油污、无划痕。② 菌种必须活化,即要连续移种几次。③ 菌龄要合适,一般在幼龄时鞭毛情况最好,易于染色。④ 染色液处理时间一定要严格掌握,处理时间太短,鞭毛上没有足够的沉积物,会看不清楚;处理时间太长,玻片上沉积物太多,也看不清楚。⑤ 涂片后只能自然干燥,不能用热风吹干,不能热固定,这是由于加热后菌体易变形,鞭毛易脱落,影响观察。

5. 镜检结果　菌体和鞭毛均染成红色。

【实验原理】

鞭毛是细菌的运动"器官",一般细菌的鞭毛都非常纤细,直径为 10~20 nm,只有用电子显微镜才能观察到。但是,如采用特殊的鞭毛染色法,则可在普通光学显微镜下看到。鞭毛染色法较多,但其基本原理相同,即在染色前先用媒染剂处理,使其沉积在鞭毛上,这样可加粗鞭毛直径,然后再进行染色。常用的媒染剂由单宁酸(鞣酸)与三氯化铁或甲明矾配制而成。

思 考 题

1. 用油镜时,为什么选用香柏油作为物镜与玻片间的介质?
2. 细菌不染色标本检查法有何优点、缺点?
3. 影响革兰染色结果的因素有哪些?

(位秀丽)

第二节　细菌的人工培养

一、常用培养基制备

培养基(culture medium)是人工方法配制的,适合微生物生长繁殖的营养基质。由于微生物种类繁多,对营养物质的要求各异,加之实验和研究目的不同,所以培养基在组成成分上差异也很大。但是,所有培养基中,均应含有满足微生物生长繁殖所需的水、碳、氮、无机盐、生长因子及某些必需的微量元素等。此外,培养基还应具有适宜的酸碱度(pH)、气体、缓冲能力、氧化还原电位和渗透压等。

【实验目的】

(1) 了解基础培养基的主要成分和制备方法。

(2) 树立无菌观念。

【实验材料】

(1) 鲜牛肉(去脂肪和肌腱)、蛋白胨、氯化钠、蒸馏水、琼脂、脱纤维羊血或兔血。

(2) pH试纸、10%碳酸氢钠、灭菌试管、吸管、三角烧瓶、量筒、无菌平皿等。

【实验方法】

1. 液体培养基制备　肉汤培养基是常用的液体培养基,也是制备常用的细菌分离培养基及其他某些培养基的基础。

(1) 将新鲜牛肉500 g切碎或搅碎,加水1 000 mL,搅拌混合后,放4℃冰箱或冷处浸泡过夜。

(2) 次日从冰箱中取出,搅拌均匀,煮沸30 min左右,放凉,使残余的脂肪凝固,再用绒布或滤纸过滤,将滤液补足为原量。此溶液称为肉水或肉浸液。

(3) 1 000 mL肉水中加入蛋白胨10 g,氯化钠5 g,加热溶解,放凉。

(4) 用精密pH试纸测酸碱度,用10%碳酸氢钠校正pH为7.2左右。过碱时,可用10%醋酸校正之。

(5) 分装于试管中或三角烧瓶中,121℃、103.4 kPa(1.05 kg/cm^2)的高压蒸汽灭菌20～30 min。

如用市售的牛肉膏代替新鲜肉水时,可将牛肉膏溶成0.3%～0.5%的水溶液,再如上法制成培养基。

2. 普通琼脂培养基制备　普通琼脂培养基是常用的固体培养基,包括普通琼脂平板和普通琼脂斜面两种,前者用于分离纯化细菌,后者用于细菌增殖或保存菌种。

(1) 取上面配制的肉汤100 mL加入清洁三角烧瓶中,加入琼脂2～3 g,搅拌使琼脂溶解,塞上棉塞,用两层纸包扎好。121℃、103.4 kPa高压蒸汽灭菌20～30 min。

(2) 取出培养基,待其冷至50℃时,无菌操作,将其倒入灭菌平皿内,每个平皿约15 mL,凝固后即成普通琼脂平板培养基。若培养基倒入灭菌试管内,再将试管斜放试验台上,凝固后即成普通琼脂斜面培养基。

普通琼脂培养基也可用市售的营养琼脂粉(含有普通琼脂培养基的各种成分并已调好pH)制备,用法见产品说明书。

3. 血液琼脂培养基制备　有些细菌对营养要求较高,在普通琼脂培养基上生长不良,可用血液琼脂培养基进行培养。

(1) 同上法制备普通琼脂培养基。

(2) 待冷却至50℃时,加入无菌的脱纤维血液,混匀(注意勿使产生泡沫)。

(3) 分装入无菌试管或平皿中制成血斜面或血平板培养基。

二、细菌的分离培养与生长状态的观察

绝大多数细菌在适宜的条件下可以生长,细菌感染性患者标本只有经过细菌的分离培养、鉴定和药物敏感试验，才可对感染性疾病进行病原学诊断并指导临床用药。因此，细菌培养对疾病的诊断、预防和治疗具有重要的意义。

为了从临床标本中分离出病原菌并进行准确鉴定，除选择合适的培养基外，还要根据待检标本的来源、培养目的及所使用培养基的性状，采用不同的接种方法。

【实验目的】

初步掌握细菌分离接种的基本操作技术及生长状态。

【实验材料】

(1) 葡萄球菌和大肠杆菌的混合菌液、大肠杆菌培养物、葡萄球菌培养物、变形杆菌培养物。

(2) 琼脂平板、琼脂斜面培养基、肉汤培养基、半固体琼脂培养基。

(3) 接种环、接种针、酒精灯等。

【实验方法】

1. 琼脂平板划线法

(1) 右手持接种环在火焰上烧灼灭菌，待冷却（稍待 5～10 s），取细菌培养物（或患者标本）少许。

(2) 左手持琼脂平板底部，用食指压住平皿盖的一处边缘，拇指和中指撑起平皿盖，呈约 45°的斜度。右手持沾菌的接种环先在琼脂培养基表面接近玻璃边缘处涂抹，使之成一薄膜（原始区）。再烧灼接种环，以除去多余的细菌。

(3) 待被烧灼的接种环冷却后，先将接种环在原涂有细菌的部位接触后，用腕力轻轻在平皿表面进行划线，划至培养基表面 1/4 处为止（第 1 区）。然后转动平皿，在划线 1/4 处的末端重复接触 2～3 根线后再向下连续划线，划至培养基表面 2/4 处（第 2 区）。同样方法划第 3 区，最后划第 4 区（图 1-5）。划线时使接种环与平板表面约呈 45°轻轻接触。

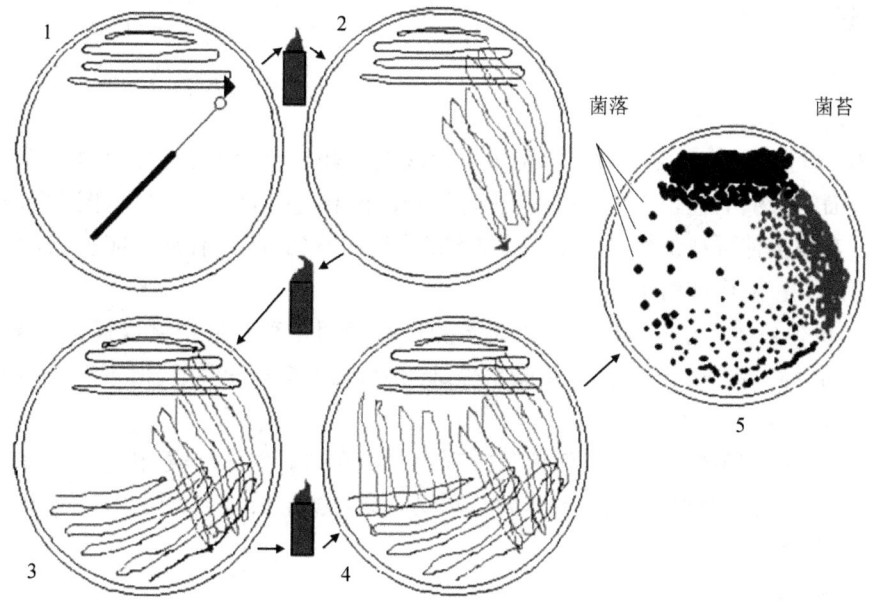

图 1-5 琼脂平板划线法

以腕力在平板表面作轻快地滑移动作,不可用力太大,以免划破琼脂平板,划线要求密集平行,充分利用平板表面,但不要交叉重复。

(4) 划线完毕,盖好盖子,随即将接种环烧灼灭菌后放好。在培养皿底玻璃侧面,用记号笔(或小纸片)注明接种菌名,接种者姓名及班、组、日期等。将培养皿倒放(即皿底在上,盖在下,这样可以避免培养过程中凝结水自皿盖滴下,冲散菌落),放置37℃温箱内培养。

(5) 经37℃、24 h培养后取出,观察琼脂平板表面生长的各种菌落,注意其大小、形状、边缘、表面结构、透明度、颜色等性状。在含有血液的琼脂平板上尚可观察菌落四周有无溶血现象。

(6) 结果:大肠杆菌与葡萄球菌分离开来,分别形成不同性状的单一菌落(图1-5)。

2. 琼脂斜面培养基接种法

(1) 取菌种管与培养管置于左手食指、中指、无名指之间,拇指压住试管底部上方,使菌种管靠近火焰一侧,接种管位于外侧,斜面均向上。

(2) 右手拇指和食指分别松动两管棉塞,火焰灭菌接种环。

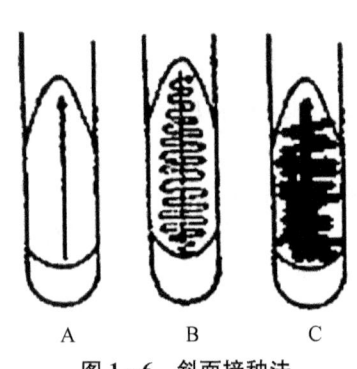

图1-6 斜面接种法

(3) 以右手小指与手掌,小指与无名指分别拔取两管棉塞(先外后内),将两管口迅速通过火焰灭菌。

(4) 将灭菌的接种环插入菌种管,从斜面上取菌苔少许。退出菌种管,迅速伸入待接种的培养管,在斜面上先由底部向上拉一条线,再从斜面底部向上轻轻曲折连续划线(图1-6)。

(5) 取出接种环,在火焰上灭菌管口,顺序塞上棉塞(先塞菌种管,后塞接种管),然后灭菌接种环,做好标记。37℃孵育18~24 h后观察结果。

(6) 结果:细菌在培养管中的接种线上,生长出许多菌落连成一片,形成了菌苔。不同种的细菌菌苔,其透明度、颜色等特征不同。此法常用于大量增菌和保存菌种。

3. 液体培养基接种法　以无菌操作程序取培养物少许,伸入待接种的培养基管内,在接近液面的管壁上轻轻研磨,并蘸取少许培养液调和,使菌混合于其中(图1-7)。

采用本法接种可观察细菌的不同生长情况,有的均匀混浊,有的沉淀生长,有的在表面形成菌膜。一般作增菌用。

4. 半固体培养基穿刺接种法　以无菌操作程序用接种针分别挑取葡萄球菌及变形杆菌培养物少许,垂直刺入半固体琼脂培养基的中心,直至近管底处,但不必刺穿管底,然后循原线退出(图1-8)。

具有动力的细菌(如变形杆菌)能从穿刺线向四周弥散生长,呈毛刷样生长,或使整个培养基混浊;无动力的细菌(如葡萄球菌),则仅沿穿刺线生长。主要用于观察细菌动力学特征和菌种保藏。

【实验结果】

1. 固体培养基　目的是用于分离单菌落。首先观察整个平板培养基上的菌落形态

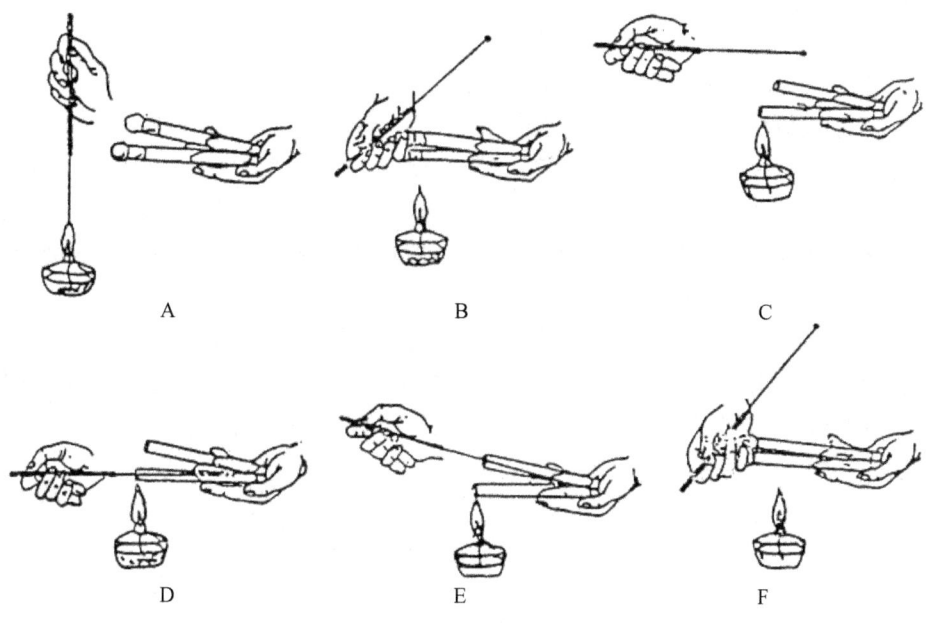

图 1-7 双管移植法

及种类,然后再选有代表性的各种孤立菌落对其大小、形状、边缘、表面、隆起度、结构、颜色、透明度等特征作判断。观察菌落时,不要将空气中落入培养基而生长的杂菌误认为目的细菌。杂菌一般生长于划线痕迹外,或为个别的形状异常的孤立菌落。

2. 液体培养基　肉眼观察,如培养基出现混浊或形成菌膜、沉淀等,则表示有细菌增殖,观察其增殖状态,有助于鉴别细菌。

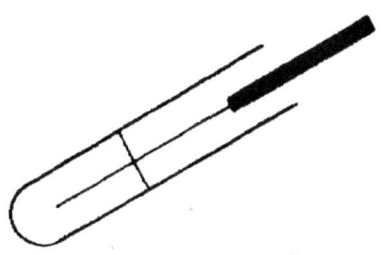

图 1-8 穿刺接种法

3. 半固体培养基　观察穿刺线周围细菌生长情况如透明度和颜色改变(培养基加有显色剂),作出细菌是否有动力的判断。

三、平板菌落计数

平板菌落计数法是将待测样品经倍比稀释,取一定量的稀释菌液涂布到平板上,经过培养,单个细菌可生长繁殖形成肉眼可见的菌落。亦可计算出待测样品的细菌数。

【实验目的】

了解平板菌落计数的方法。

【实验材料】

(1) 高层琼脂培养基。

(2) (或井水、池水)、自来水。

(3) 无菌生理盐水、无菌试管、无菌吸管。

(4) 甲紫—碘复合物。

【实验方法】

(1) 取无菌空平皿 4 只，分别标记为 1 号、2 号、3 号、4 号。

(2) 吸取 1 mL 自来水置于 1 号平皿中。

(3) 分别吸取相同河水（或井水）原倍、10^{-1}、10^{-2} 各 1 mL 加入 2 号、3 号、4 号平皿中。

(4) 取 4 支溶化且冷却至 45℃ 的高层琼脂，分别倾注于上述 4 只培养皿中，充分混匀待凝。

(5) 37℃ 孵育 24 h 取出观察，并分别在细菌菌落计算器上算出自来水和河水（或井水）中每毫升含有的活细菌数。菌落计算时，一般选择菌落数在 30~300 间的培养皿，分别乘以稀释倍数再取其平均值即得。

(6) 用细菌菌落计算器计算菌落数。细菌菌落计算器是一块玻璃板上刻画有 144 个面积为 1 cm² 的小正方形格。将长有菌落的培养皿放上，计算 10 个小方格内的菌落数，如为 30 个，则平均 1 个小方格内为 3 个菌落。培养皿的面积是 πr^2，若其直径是 9 cm，则半径为 4.5 cm，整个培养皿上的菌落数是 $3.1416 \times (4.5)^2 \times 3 = 191$ 个菌落。

思 考 题

1. 培养基的种类有哪些？各有何用途？
2. 接种和培养细菌的方法有几种？各有何用途？
3. 怎样区别琼脂平板上的菌落是接种菌或污染菌？
4. 简述细菌在不同培养基上的生长现象。

（位秀丽）

第三节　消毒灭菌技术

影响微生物生长繁殖的因素大致可分为物理、化学和生物三方面。物理因素包括温度、辐射、超声波、渗透压、过滤及干燥等。化学因素包括用来杀死或抑制微生物生长繁殖的化学药品，如消毒剂和防腐剂。生物因素主要包括细菌素、噬菌体及抗生素等。这里介绍几种常用抑制或杀灭微生物的方法。

一、热力灭菌

热力灭菌主要依靠高温的作用，使菌体蛋白凝固变性，细胞膜受损及电解质浓缩，细菌失去生物活性而死亡。热力灭菌法可分为干热灭菌和湿热灭菌两大类，在同一温度下，湿热灭菌法灭菌效果更好。

（一）干热灭菌器

高温对细菌有明显的致死作用，主要机制是凝固菌体蛋白质，也可能与细菌 DNA 单螺旋断裂、细菌膜功能受损及菌体内电解质浓缩有关。干烤箱为常用的干热灭菌器，其杀菌作用是通过脱水干燥和大分子变性完成的。干烤箱是中间夹着石棉的双层金属制成的方形或长方形箱，箱底装有热源，箱内有数层金属架，并附有温度计和自动温度调节器等装置（图1-9）。把待灭菌的物件均匀地放入恒温干燥箱，加热至160～170℃维持2 h即可达灭菌目的。

【实验目的】

（1）了解干热灭菌器的使用方法及注意事项。

（2）了解干热灭菌器常用于哪些物品的消毒灭菌。

图1-9 干热灭菌器示意图

【实验材料】

（1）干热灭菌器。

（2）培养皿、吸管、试管等。

【实验方法】

（1）将待灭菌的物品洗净、干燥后包装。

（2）将包好的物品置于箱内闭门加热。温度达到160～170℃后，持续2 h。

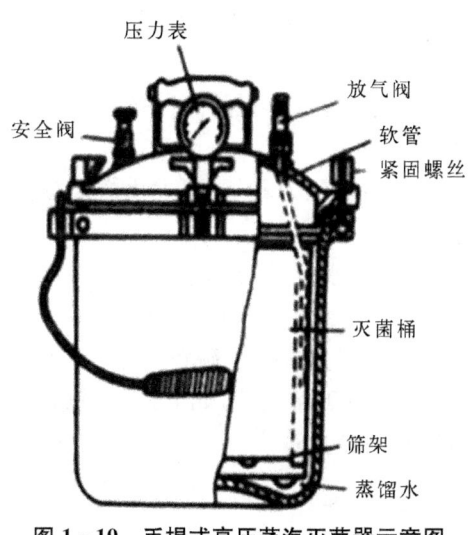

图1-10 手提式高压蒸汽灭菌器示意图

（3）关掉电源，停止加热待温度自然下降至40℃以下才可开门取物，否则冷空气突然进入易引起玻璃器具炸裂，而且内部的热空气外溢也会灼伤皮肤。

此方法适用于金属、玻璃器具及某些药品、粉剂等的消毒灭菌。

（二）高压蒸汽灭菌器

高压蒸汽灭菌法是热力灭菌法中杀菌效果最好的方法，可杀灭一切微生物包括细菌芽孢。通常采用的压力为103.4 kPa/cm^2，温度为121.3℃，维持时间20～30 min。高压蒸汽灭菌为一双层金属圆筒，上端有金属厚盖及固定螺旋，装有安全阀、排气阀和压力、温度指示盘（图1-10）。高压蒸汽灭菌温度与压力的关系见表1-1。

表1-1 高压蒸汽灭菌温度与压力的关系

压力			温度(℃)
(lb/in^2)	压力(kPa)	(kg/cm^2)	
5	34.47	0.35	108.8
8	55.16	0.56	113.0
10	68.95	0.70	115.6
15	103.43	1.05	121.3
20	137.90	1.40	126.2

【实验目的】
正确使用高压蒸汽灭菌器。
【实验材料】
(1) 高压蒸汽灭菌器。
(2) 待灭菌的培养基。
【实验方法及结果】
(1) 将制备的培养基分装于三角烧瓶内,塞上瓶塞,包好瓶口。
(2) 在高压锅中加水至外筒内,待灭菌物品放入内筒。盖上锅盖,拧紧螺旋使容器密闭。
(3) 打开排气阀门,接通电源加热,排出容器内冷空气。然后关闭排气阀门,继续加热直到压力表逐渐升至所需压力(一般是 103.4 kPa,温度是 121.3℃)。调节热源,使压力维持 20~30 min,可达到灭菌效果。
(4) 停止加热,待压力自行下降至零时可开盖取物。不能在高压时打开排气阀门放气减压,以免液体冲出外溢。

【注意事项】
(1) 外层锅内水不宜过多,否则水沸腾时溢入内锅易使物品浸湿,水太少则蒸汽压力不足。
(2) 压力一定要与温度相符,如果容器内冷空气未排尽,虽然压力上升了,但温度上升不足,导致灭菌不彻底。
(3) 被灭菌的物品不宜过多,中间要留有空隙,利于蒸汽流通,可保证灭菌效果。
(4) 灭菌后慢慢放气降压,以免容器中的液体及瓶塞冲出。
(5) 溶液灭菌时,瓶塞切勿使用木塞或橡皮塞,因其内外压力不一,可发生爆裂或液体溢出现象。
(6) 使用前检查压力表和安全阀是否失灵,检查仪器内水量是否合适(约 2 cm 深),在整个灭菌过程中除自动灭菌器外,需要专人负责灭菌,严禁脱离岗位以防意外。
(7) 为了确保灭菌效果,应定期检查灭菌的效能。常用方法是用硫黄粉末(熔点为 115℃)或苯甲酸(熔点为 120℃)将其置于试管内,然后进行灭菌试验,如上述物质熔化,即说明高压蒸汽灭菌器内温度已达要求,灭菌的效果是可靠的。

(三) 煮沸法对细菌繁殖体和芽孢的影响
【实验目的】
认识高温对细菌繁殖体和芽孢的作用。
【实验材料】
(1) 枯草芽孢杆菌、大肠杆菌(无芽孢)。
(2) 肉汤培养基、水浴锅。
【实验方法及结果】
(1) 取 8 支液体培养基分两组,每组 4 支,分别标明大肠杆菌与枯草芽孢杆菌的菌名。
(2) 用无菌毛细吸管取大肠杆菌和枯草芽孢杆菌,分别接种至两组液体培养基内,每管 0.1 mL。

(3) 每组各取 3 管置于 100℃,分别水浴 5 min、15 min、30 min,每组各取 1 管迅速冷却,每组各留 1 管不加热设为对照。

(4) 将两组共 8 支试管置 37℃ 培养 18～24 h,观察结果。

(5) 将各管细菌生长情况记录于表 1-2 中。

表 1-2 煮沸法对细菌繁殖体和芽孢影响的实验结果

细　菌	5 min	15 min	30 min	对　照
大肠杆菌				
枯草芽孢杆菌				

二、过滤除菌

【实验目的】
了解过滤除菌效果。

【实验材料】
赛氏滤菌器、玻璃滤菌器、滤膜滤器。

【实验方法及结果】
滤菌器含有微小孔径,只容许小于孔径的物体通过,可除去细菌,但无法除去病毒、L 型细菌、支原体及衣原体等微生物。滤菌器主要用于一些不耐高温的血清、酶制剂、抗生素等除菌。下面介绍三种常用的滤菌器。

1. 构造

(1) 赛氏滤菌器:系金属滤器,滤板由石棉制成(图 1-11A)。按石棉的孔径大小分为 K、EK、EK-S 型三种。K 型滤孔最大(2～7 μm),用于澄清液体;EK 型滤孔较小(1 μm),可除去一般细菌;EK-S 型滤孔最小(0.1～0.5 μm),可阻止较大的病毒通过。滤器经高压灭菌后,可重复使用。

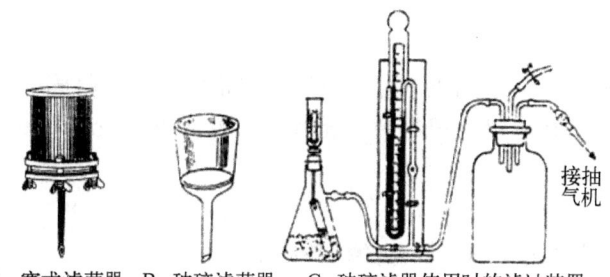

A. 赛式滤菌器　B. 玻璃滤菌器　C. 玻璃滤菌器使用时的滤过装置
图 1-11 过滤除菌器

(2) 玻璃滤菌器:由玻璃制成,滤板由玻璃细砂压成并嵌在玻璃漏斗中(图 1-11B)。孔径从 0.15～30 μm 不等,一般分为 G1～G6 六种,G1～G4 孔径较大,可用于澄清液体;G5～G6 孔径较小,能除去一般细菌。滤器经高压灭菌后,可重复使用。

(3) 滤膜滤器:滤膜由醋酸纤维素制成,常用 0.22 μm、0.45 μm 两种孔径针头式滤器(图 1-11C),接上注射器即可使用,但滤器一般不能经高压灭菌重复使用。

2. 用法　清洗、包装滤菌器和滤瓶,高压灭菌。无菌条件下,组装滤器与滤瓶,连接缓冲瓶与抽气机,将待滤液体缓缓倒入滤菌器内,开动抽气机,滤液在负压下流入滤瓶。滤毕,迅速将滤瓶中的滤液分装到无菌容器中保存。

三、紫外线杀菌

紫外线杀菌属射线杀菌的一种,其杀菌波长介于240～280 nm之间,以265～266 nm波长作用最强。紫外线照射可使同一条DNA链上相邻的胸腺嘧啶形成二聚体,干扰DNA的复制从而导致细菌的死亡。紫外线的穿透力弱,只能用于空气及物体表面的消毒。

【实验目的】

了解紫外线的杀菌作用。

【实验材料】

(1) 大肠杆菌培养物。

(2) 普通琼脂平板。

(3) 无菌的月牙形黑纸片、镊子、灭菌棉签、紫外线灯。

【实验方法及结果】

(1) 取一个普通琼脂平板,用一无菌棉签蘸取大肠杆菌18～24 h培养物,均匀涂布于普通琼脂平板表面。

(2) 将灭菌的月牙形黑纸片盖在平板上,紫外线灯下照射30 min。

(3) 盖好皿盖,37℃,培养18～24 h,观察结果。

【实验结果】

黑纸片遮盖的地方可见菌苔形成,而暴露于紫外线下的琼脂表面无细菌生长或仅有极少数细菌生长。

【注意事项】

杀菌波长的紫外线对人体皮肤和眼睛均有损伤作用,操作时应注意保护。

四、化学消毒灭菌法

化学消毒剂种类繁多,杀菌机制可通过使菌体蛋白变性或凝固,改变细胞壁和细胞膜的通透性,干扰细菌的代谢等方式导致细菌死亡。这里介绍几种化学消毒剂对的抑菌或杀菌作用。

【实验目的】

了解常用化学消毒剂对不同细菌的杀灭作用。

【实验材料】

(1) 表皮葡萄球菌、大肠杆菌18～24 h肉汤培养物。

(2) 普通琼脂平板2个。

(3) 2%龙胆紫,2.5%碘酒,75%乙醇,5%苯酚,0.5%过氧乙酸。

(4) 无菌棉拭子,镊子及直径6 mm的滤纸片。

【实验方法】

(1) 用无菌棉拭子分别蘸取表皮葡萄球菌、大肠杆菌菌液,均匀涂布于两个琼脂平板表面，用标签纸做好标记。

（2）用无菌的镊子夹取滤纸片分别浸入上述 5 种消毒剂中，每种消毒剂中浸 2 片，取出滤纸片时让其靠着管壁，以便除去多余的药液。将滤纸片分别均匀贴于已接种细菌的琼脂表面。

（3）盖好皿盖，置 37℃培养 18～24 h。

（4）观察滤纸片周围有无抑菌圈，并比较其大小。

【实验结果】

滤纸片周围出现大小不同的抑菌圈，抑菌圈直径的大小与消毒剂的抑菌效果成正比。

思 考 题

1. 哪些物品适用于高压蒸汽灭菌法？
2. 在热力灭菌试验中为什么选择大肠杆菌和枯草杆菌作为试验对象？
3. 简述紫外线灭菌的原理，在紫外线直接照射到的平板表面为何仍常有少数散在的菌落存在？
4. 试分析影响化学消毒剂作用的因素。
5. 选择消毒剂进行消毒时应注意哪些问题？

（李晓花）

第四节　细菌的药物敏感性试验

药物敏感试验简称药敏试验（或耐药试验），旨在了解病原微生物对各种抗生素的敏感（或耐受）程度，以指导临床合理选用抗生素药物的微生物学试验。一种抗生素如果以很小的剂量便可抑制、杀灭致病菌，则称该种致病菌对该抗生素"敏感"。反之，则称为"不敏感"或"耐药"。实践证明，有些菌对某些抗生素已失去了原有的敏感性（即形成了耐药性），实用中已无治疗价值。为了及时有效地正确治疗，在治疗中应从患者体内分离出致病菌，进行药物敏感性测定，选择最敏感的药物治疗，以提高疗效。

目前常用的药敏试验方法有：纸片琼脂扩散法（Kirby-Bauer，K-B法）、稀释法、E试验、联合抗菌试验等，根据不同需要选择不同的实验方法。

一、纸片扩散法

【实验目的】

（1）了解纸片扩散法的原理及结果的判断。

（2）熟练掌握纸片扩散法进行药敏试验的具体操作。

【实验材料】

(1) 金黄色葡萄球菌和大肠杆菌 6~8 h 肉汤培养物。

(2) 普通琼脂平板培养基。

(3) 含抗生素(青霉素、庆大霉素、氯霉素等)或磺胺类、喹诺酮类药物的干燥滤纸片、镊子、酒精灯等。

【实验方法】

(1) 分别用无菌棉拭子蘸取 6~8 h 金黄色葡萄球菌和大肠杆菌培养物,在三个方向(每次旋转 60°左右)密集涂布于两个琼脂平板表面,使菌液均匀分布,最后在平板内缘涂抹一周(注意棉拭子不可过湿,沾上菌液后将拭子在试管壁轻轻挤压以挤去过多的菌液)。

(2) 将平板盖子半开 3~5 min(与水平面 45°左右),使培养基吸收表面多余的水分,用无菌镊子将含有各种抗生素的纸片按一定间隔贴在已接种细菌的琼脂平板的表面。每个纸片需轻轻下压以确保与琼脂表面完全接触。一旦纸片与琼脂表面接触,就不能再移动,如位置不佳可在琼脂的另一位置重新放置一纸片。各纸片之间必须分布均匀,两纸片之间圆心的距离不少于 24 mm,纸片距平板内缘应大于 15 mm。

(3) 做好标记,在放置好纸片后 15 min 内倒置琼脂板并置 37℃培养 18~24 h 后观察结果。

【实验结果】

菌液浓度适合且涂布均匀,抑菌环规则,细菌呈融合生长。以肉眼见不到细菌明显生长的区域为抑菌圈边缘,观察抑菌圈的有无及其大小。用直尺分别测量各种抗生素纸片抑菌圈直径,以 mm 表示(图 1-12),判断其敏感度及耐药性,判断标准见表 1-3。

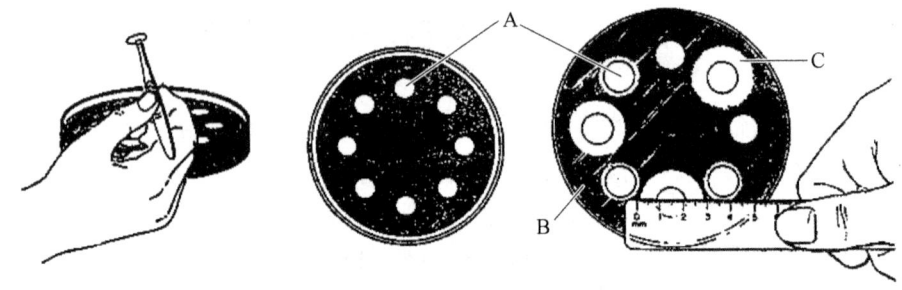

图 1-12 药物敏感试验
A. 滤纸片;B. 有菌区;C. 抑菌区

表 1-3 抑菌圈解释标准及相应的最低抑菌浓度

抗生素	含量(μg/片)	抑菌圈直径(mm)			MIC(μg/mL)	
		耐药	中介	敏感	耐药	敏感
青霉素	10	≤28	—	≥24	≥0.25	≤0.1
氨苄西林	20/10	≤13	14~17	≥18	≥32/16	≤8/4
先锋霉素	30	≤14	15~17	≥18	≥32	≤8
链霉素	10	≤11	12~14	≥15	—	—
庆大霉素	10	≤12	13~14	≥15	≥8	≤4

(续表)

抗生素	含量(μg/片)	抑菌圈直径(mm)			MIC(μg/mL)	
		耐 药	中 介	敏 感	耐 药	敏 感
红霉素	15	≤13	14~22	≥23	≥8	≤0.5
卡那霉素	30	≤13	14~17	≥18	≥25	≤6
丁氨卡那	30	≤14	15~16	≥17	≥32	≤16
磺胺嘧啶	250	≤12	13~16	≥17	≥350	≤100
头孢西丁	30	≤14	15~17	≥18	≥32	≤8
阿莫西林	20/10	≤13	14~17	≥18	≥16/8	≤8/4
环丙沙星	5	≤15	16~20	≥21	≥4	≤1
氧氟沙星	5	≤12	13~15	≥16	≥8	≤2
利福平	5	≤16	17~19	≥20	≥4	≤1
万古霉素	30	≤9	10~11	≥12	≥32	≤4

【注意事项】

(1) 被测菌液的浓度一般控制在 0.5 麦氏比浊(1.5×10^8 CFU/mL)的标准,同时细菌接种量要适宜,接种量越多,则抑菌圈越小,反之则越大。

(2) 培养基成分、pH 应固定。在现有的许多培养基中,Müeller-Hinton(H-M)琼脂最适合于常规敏感试验的培养基。同时需要注意的是,培养基越厚越硬,则药物扩散得越慢,抑菌圈越小,反之,则抑菌圈越大。因此一般将平板中培养基的厚度控制在 4 mm 左右。

(3) 每操作完一种药敏片后,需要灼烧一下镊子口,冷却后再操作另一种药敏片,以避免药敏片之间相互干扰,影响药敏试验的结果。

【实验原理】

将含有一定量的抗菌药物纸片,平贴在涂有测试菌的琼脂平板上。抗菌药物向琼脂四周扩散形成递减的浓度梯度。同时,测试菌经孵育后开始生长,当琼脂内的药物浓度恰等于该药对测试菌的最低抑菌浓度(MIC)时,该细菌的生长受到抑制,在含药纸片的周围就会形成透明的抑菌环。测量抑菌环的大小,依照 CSLI 标准,即可判定该细菌对某种药物的敏感程度。

二、稀释法

稀释法药敏试验是体外定量测定抗菌药物抑制细菌生长活性的方法。培养基内抗生素的含量按几何级数稀释并接种适量的细菌,经孵育后,观察能引起抑菌作用的最低抗生素浓度,称最低抑菌浓度(MIC),即为该菌对药物的敏感度。稀释法所获得的结果比较准确,常被用作校正其他方法的标准。稀释法分为肉汤稀释法、琼脂稀释法、微量稀释法及自动稀释法等,本处主要介绍前两种方法。

(一) 肉汤稀释法

【实验目的】

了解肉汤稀释法结果的判断。

【实验材料】

(1) 金黄色葡萄球菌菌液(1×10^5 CFU/mL)。

(2) M-H肉汤,去脂肪筋膜牛肉300 g绞碎,加蒸馏水1 000 mL,制成肉浸液。将可溶性淀粉1.5 g、水解酪蛋白17.5 g加入肉浸液内,加热溶解后调pH至7.4,121℃高压灭菌15 min备用。

(3) 100 U/mL的青霉素钾盐。

【实验方法】

(1) 取无菌小试管10支排于试管架,于第一管加入M-H肉汤1.9 mL,2~10管各加1 mL。

(2) 于第一管加入稀释好的100 U/mL的青霉素钾盐0.1 mL,混匀后取1 mL加入第2管,依次倍比稀释,自第9管吸出1 mL弃去,第10管为对照管(表1-4)。

表1-4 青霉素液稀释法

试 管 号	1	2	3	4	5	6	7	8	9	10
培养基(mL)	1.9	1.0	1.0	1.0	1.0	1.0	1.0	1.0	1.0	1.0
青霉素液(mL)	0.1	1.0	1.0	1.0	1.0	1.0	1.0	1.0	1.0	弃去
青霉素浓度(U/mL)	5.00	2.50	1.25	0.63	0.31	0.16	0.08	0.04	0.02	0

(3) 将各管中加入已校正浓度的金黄色葡萄球菌菌液(1×10^5 CFU/mL)0.05 mL,混匀后放置37℃培养12~18 h,观察结果。

【实验结果】

确定无细菌生长的药物最高稀释管,该管的浓度即为该菌对此药物的敏感度,即MIC。

【实验原理】

用水解酪蛋白(M-H)液体培养基将抗生素作不同浓度的稀释,然后接种入待检细菌,定量测定抗菌药物抑制或杀死该菌的最低抑菌浓度(MIC)或最低杀菌浓度(MBC)。

(二) 琼脂稀释法

【实验目的】

了解琼脂稀释法结果的判断。

【实验材料】

(1) 金黄色葡萄球菌菌液(1×10^8 CFU/mL)。

(2) 水解酪蛋白培养基(M-H肉汤1 000 mL,调pH后,加17 g琼脂,分装后121℃高压灭菌15 min备用)。

(3) 抗菌药物原液(1 280 μg/mL)。

(4) 麦氏比浊管,校正待检菌浓度用。

【实验方法】

(1) 制备含药琼脂平板。将药液倍比稀释至15个不同浓度,用15个无菌90 mm平皿分别加各个浓度的抗生素2 mL于其中,再加入45℃ M-H琼脂18 mL,充分混匀,冷却凝固(接种前平板必须相当干燥)。

(2) 取已校正浓度的待检菌液(1×10^8 CFU/mL)接种于含药琼脂的表面,操作时从最低含药浓度的琼脂种起,使每滴约2 μL菌液,每一接种点的液滴直径为5~8 mm,注意勿使移动,待接种点干燥后,再将平板翻转,置37℃孵箱内孵育16~24 h观察结果。

【实验结果】

不出现菌落的琼脂平板上的最低药物浓度为其最低抑菌浓度。结果可用药物的浓度报告。若超过抑菌终点仍有数个明显菌落,应考虑试验菌的纯度而予以复试,如仅为单个菌落,可予以忽略。判定时应注意:① 薄雾状生长不算;② <5个菌落不算;③ 若在数个平板上呈拖尾或跳管生长等现象,应该重做。

【实验原理】

琼脂稀释法敏感试验是将不同剂量的抗菌药物,分别加入融化并冷却至45℃的定量琼脂培养基中,混匀,制成无菌平板,即为所含药物浓度递减的培养基。接种幼龄菌于该培养基上,经培养后观察被检菌的生长情况,抑制细菌生长的最低药物浓度为该抗生素对该菌的最低抑菌浓度。

思 考 题

1. 什么是药敏试验?药敏试验常用的方法有哪些?试述药敏试验的意义。
2. 纸片扩散法的原理是什么?结果怎么判断?
3. 纸片扩散法药敏试验的影响因素有哪些?
4. 试述药敏试验中纸片扩散法、稀释法各自的优缺点。

(李治军)

第五节 细菌的遗传与变异

一、细菌变异现象的观察

(一)鞭毛变异

【实验目的】

通过观察鞭毛变异现象理解细菌抗原性的某些改变。

【实验材料】

(1) 普通变形杆菌的琼脂斜面18~24 h培养物。

(2) 普通培养基平板,0.1%苯酚琼脂平板培养基。

(3) 接种环、培养箱、酒精灯。

【实验方法】

(1) 取适量变形杆菌18~24 h培养物,分别点种于含0.1%苯酚琼脂平板和普通琼脂平板。

(2) 37℃培养24 h后观察菌落有无迁徙现象。

【实验结果】

变形杆菌在普通平板上呈迁徙性生长,而在0.1%苯酚平板上无迁徙现象,只在点种处生长(说明失去鞭毛运动功能)。

【实验原理】

某些有鞭毛的细菌(如变形杆菌)在一定的环境(如不适宜细菌生长繁殖的理化因素)中生长繁殖,将失去鞭毛,即H-O变异。

(二) 菌落变异

【实验目的】

熟悉菌落变异类型及对临床工作的影响。

【实验材料】

(1) S型大肠杆菌琼脂斜面18～24 h培养物。

(2) 普通琼脂平板、0.1%苯酚琼脂平板。

(3) 接种环、培养箱、酒精灯。

【实验方法】

(1) 将S型大肠杆菌划线接种于0.1%苯酚琼脂平板上连续传6代,可获得R型菌落。

(2) 将S型与R型菌落分别接种2个普通琼脂平板,37℃培养24 h后观察两型菌落之不同。

【实验结果】

S型大肠杆菌菌落表面光滑、边缘整齐、湿润;而R型菌落则表面粗糙、边缘不整齐、干皱。

【实验原理】

某些细菌长期传代后由于失去脂多糖(LPS)的特异性寡糖重复单位,所形成的菌落由表面光滑、湿润、边缘整齐变为表面粗糙、干燥、边缘不整,即菌落从光滑型(S)变为粗糙型(R)。某些细菌长期传代后会出现光滑型与粗糙型(S-R)菌落变异,当加入某些低浓度药物时,可促进其S-R菌落变异。将大肠杆菌在0.05%～0.1%苯酚琼脂平板上,连续传几代则可变为R型菌落。S-R型变异是一种广泛性变异,即除菌落变异外,其细菌的形态、生化反应、毒力和抗原性往往也发生改变。

(三) 细菌L型变异

【实验目的】

熟悉细菌L型变异的原理及变异现象。

【实验材料】

(1) 金黄色葡萄球菌肉汤培养物。

(2) 牛肉浸液800 mL,蛋白胨20 g,氯化钠(NaCl)50 g,琼脂8 g,将pH调节至7.4。高压蒸汽灭菌,待温度降至50℃左右时,加入无菌人血浆200 mL后倾注平板。

(3) 低浓度(40 μg/片)青霉素药物纸片。

(4) 革兰染液和细胞壁染液。

【实验方法】

(1) 于L型培养基上加入0.05 mL金黄色葡萄球菌培养物,然后以L型玻璃棒均匀涂布平皿，待平皿稍干后，取青霉素药物纸片 1 张贴于平板中央，置 37℃培养过夜，次日观察有无抑菌圈。

（2）逐日于放大镜或低倍镜下观察抑菌圈内有无荷包蛋样小菌落出现。

（3）如出现荷包蛋样小菌落，则取荷包蛋样菌落和抑菌圈外细菌分别进行涂片，作革兰染色和细胞壁染色，镜检。

【实验结果】

抑菌圈内出现荷包蛋样小菌落，经染色后可见细菌呈多形性，而且细胞壁缺陷，与原菌比较明显不同。

【实验原理】

细菌在溶菌酶、抗生素（如青霉素）、胆汁等理化因素的作用下，作为细胞壁主要成分的肽聚糖合成受阻，导致细胞壁受损，成为细胞壁缺陷型细菌，称为 L 型细菌。由于其细胞壁缺陷，在低渗环境中，菌体会膨胀破裂死亡，但在高渗含血清的培养基中仍可生长和分裂，形成油煎蛋样的细小菌落。

二、细菌耐药质粒的提取与转化

细菌耐药性的产生原因包括产生灭活酶、外膜孔蛋白的变化、生物膜的产生以及细菌主动外排结构的改变等多种因素共同作用的结果。获得外源耐药基因是细菌耐药性转移的重要原因，抗生素耐药性基因可以位于染色体上，也可以位于质粒上。质粒独立于染色体之外进行复制并依赖于宿主编码的酶和蛋白质进行转录，可以编码产生一些表型如耐药性。在自然条件下，耐药质粒可以通过接合的方式从一种细菌进入新的宿主中。在人为条件下，例如通过冰预冷的 $CaCl_2$ 处理细菌经过短暂加热后可使细菌产生一种短暂的感受态从而可以提高细菌摄取外源 DNA 的概率，使受体菌获得新的性状。

质粒 pET32a 是一种带有氨苄西林抗性基因的质粒，携带有 pET32a 质粒的细菌能在含氨苄青西林的培养基上生长。

【实验目的】

（1）掌握细菌质粒的提取方法。

（2）掌握热激法质粒转化的操作。

【实验材料】

（1）含 pET32a 质粒的大肠杆菌 BL21(DE3)、大肠杆菌感受态细胞 DH5α。

（2）试剂的配制：① 质粒提取 Ⅰ 液：50 mmol/L 葡萄糖，25 mmol/L Tris‑HCl，10 mmol/L EDTA，pH 8.0。② 质粒提取溶液 Ⅱ 液：0.2 mol/L NaOH，0.1% SDS。③ 质粒提取溶液 Ⅲ 液：3 mol/L 醋酸钠/醋酸。④ TE 液：10 mmol/L Tris‑HCl，1 mmol/L EDTA，pH 8.0。⑤ $CaCl_2$ 与氨苄西林分别配制为 1 mmol/L、1 g/mL 的储存液。

（3）紫外分光光度计、水浴箱、细菌培养箱、低温离心机。

【实验方法】

1. **质粒的提取** 采用碱裂解法。

（1）取含 pET32a 质粒的大肠杆菌 BL21(DE3)新鲜培养物，接种于 3 mL 含氨苄西林的(终浓度为 100 μg/mL)LB 液体培养基的试管中,37℃振荡培养 24 h。取 1.5 mL 的培养物 10 000 r/min 离心 2 min 集菌。吸去培养液,使细菌沉淀尽可能干燥。

(2) 菌体重悬于 100 μL 预冷的质粒提取 I 液中,涡旋混匀。

(3) 加入 200 μL 新配制的质粒提取溶液 II,在离心管中缓慢而温和地颠倒 6~8 次,静置 5 min 后,内容物清亮。

(4) 加入 150 μL 溶液 III,温和颠倒几次混匀,冰上放置 10 min,12 000 r/min 冷冻离心 15 min,取上清液。

(5) 加入等体积的苯酚：氯仿(1∶1),温和颠倒几次混匀,10 000 r/min 离心 10 min。取上清液,加入等体积氯仿,温和颠倒几次混匀,10 000 r/min 离心 10 min 取上清液。

(6) 加 RNA 酶至终浓度为 50~100 μg/mL,37℃作用 1 h。

(7) 加入 2 倍体积的乙醇,充分混匀,室温下放置 2 min 沉淀双链 DNA,4℃下 10 000 r/min 离心 10 min。

(8) 小心吸去上清液,将离心管倒置于吸水纸上,使所有的液体流出。

(9) 以 1 mL 70%乙醇于 4℃洗涤双链 DNA 沉淀,尽可能地将上清液全部去掉,在空气中干燥沉淀 10 min。

(10) 用 50 μL TE 液溶解沉淀,用紫外分光光度计(Beckman DU600)测定 DNA 吸光度值,确定 DNA 的浓度。

2. 质粒的转化

(1) 受体菌感受态细胞的制备：① 将工程菌大肠杆菌 DH5α 接种于 3 mL 的 LB 培养基中,37℃振摇培养 4 h,以 1.5 mL 离心管于 5 000 r/min 4℃离心 3 min 集菌,弃去上清液。② 以 1 mL 用冰预冷的 0.1 mol/L $CaCl_2$ 重悬沉淀,4℃ 5 000 r/min 离心 3 min 集菌,弃去上清液。重复两次。③ 以 400 μL 的 0.1 mol/L $CaCl_2$ 重悬。4℃放置过夜备用,一般不超过 24 h。

(2) 质粒的转化：① 用无菌吸头取 50 μL 感受态细胞悬液于无菌的 1.5 mL 离心管中,每管加 3 μL 所提取的质粒,冰上放置 30 min。② 将离心管放置于加温到 42℃的循环水浴箱中 90 s。③ 取出后再冰浴 2 min。④ 加 500 μL 的灭菌 LB 培养基于离心管中,37℃摇床孵育 1 h 使细菌复苏。⑤ 取 100 μL 的转化菌加入到含氨苄西林(终浓度为 100 μg/mL)的 LB 琼脂培养基上,用 L 型玻璃棒将转化的细胞涂布到琼脂平板表面。⑥ 将平板置于室温直至液体被吸收。⑦ 倒置平皿,于 37℃培养 12~16 h 后可出现菌落。

【实验原理】

碱裂解法是一种应用最为广泛的制备质粒 DNA 的方法,碱变性抽提质粒 DNA 是基于染色体 DNA 与质粒 DNA 的变性与复性的差异而达到分离目的。在 pH 高达 12.6 的碱性条件下,染色体 DNA 的氢键断裂,双螺旋结构解开而变性。质粒 DNA 的大部分氢键也断裂,但超螺旋共价闭合环状的两条互补链不会完全分离,当以 pH 4.8 的 NaAc/KAc 高盐缓冲液去调节其 pH 至中性时,变性的质粒 DNA 又恢复原来的构型,保存在溶液中,而染色体 DNA 不能复性而形成缠连的网状结构,通过离心,染色体 DNA 与不稳定的大分子 RNA、蛋白质- SDS 复合物等一起沉淀下来而被除去。

三、R 因子传递试验

有些耐药的细菌,特别是肠道杆菌,带有可传递的耐药因子,即 R 因子。这种耐药性因子可经细菌间接合,由供体菌传给受体菌,使后者也获得相应的耐药性。

【实验材料】

(1) 供体菌为多重耐药的痢疾杆菌 D_{15},Sm^r、Cm^r、Tc^r(耐链霉素、氯霉素、四环素);受体菌为大肠杆菌 C600(染色体上含耐利福平基因)。

(2) LB 液体培养基、LB 琼脂平板(含 100 μg/mL 利福平和 20 μg/mL 氯霉素)。

【实验方法】

1. 细菌活化 将供、受体菌分别接种于 1 mL LB 液体培养基中,37℃培养 5～6 h。
2. 接合 吸取供、受体菌各 0.02 mL 于 0.5 mL LB 液体培养基中混匀,37℃水浴中作用 2 h。
3. 接合菌的检出 在含氯霉素(Cm)＋利福平(Rif)的 LB 琼脂平板上,分别涂布 0.05 mL 供体菌、受体菌和接合菌,置 37℃培养过夜,观察结果。

【实验结果】

在平板上,供、受体菌均不生长,只有接合菌生长,出现菌落。

思 考 题

1. 细菌基因转移重组的方式及其定义?
2. 细菌有哪些变异现象?
3. 简述质粒的概念、分类及主要特性。

(李治军)

第六节 细菌代谢产物的检测

细菌的新陈代谢和其他生物一样,分为同化作用和异化作用两大类,前者将吸收的营养物合成菌体成分,后者将培养基成分或菌体成分分解生成能量及各种代谢产物,细菌的新陈代谢受到一系列酶的控制,不同细菌的酶系统不相同,因此分解代谢和合成代谢的产物也不同,因此可通过对代谢产物的测定来鉴定细菌。

一、单糖发酵试验

【实验目的】

了解单糖发酵试验的原理及临床意义。

【实验材料】

(1) 大肠杆菌、痢疾杆菌琼脂斜面培养物。

(2) 葡萄糖及乳糖发酵管。

【实验方法及结果】

(1) 分别取上述两种细菌按照液体接种方法接种葡萄糖及乳糖发酵管各一支，置37℃温箱内培养18～24 h，观察结果。

(2) 观察结果时，首先观察细菌是否生长。细菌生长后，培养基呈混浊。如发酵糖类产酸，则培养基中指示剂（溴甲酚紫）呈酸性变化，变为黄色，可以"＋"号表示；如发酵糖后产酸又产气，则培养基除变黄色外，在倒置的小管中还会有气泡，可用"⊕"表示之；如不发酵此种糖类，则培养基无变化，仍为紫色，小管内无气泡，可以"－"表示之。

【实验原理】

单糖发酵是将葡萄糖、乳糖或麦芽糖等分别加入蛋白胨水培养基内，使其最终浓度为0.75%～1%。并加入一定量酚红指示剂及小导管，制成单糖发酵管，接种细菌经37℃培养18～24 h。由于各种细菌的酶系统不同，发酵糖的能力各异，其产生的分解产物亦有不同，即有的只产酸，有的产酸又产气，借此可协助鉴别菌种，尤其是在肠道细菌的鉴定中经常使用。若能分解糖产酸则酚红指示剂由红变黄，若能分解甲酸有CO_2和H_2等气体形成，小导管内则聚集有气泡；不分解，则指示剂不变色。

二、IMViC 试验

吲哚(I)、甲基红(M)、V-P(V)、枸橼酸盐利用(C)四种试验，常用于鉴定肠杆菌科细菌，合称为 IMViC 试验。大肠杆菌呈"＋＋－－"，产气杆菌为"－－＋＋"。

(一) 靛基质(吲哚)试验

【实验目的】

了解吲哚试验的原理及结果的判断。

【实验材料】

(1) 大肠杆菌、产气肠杆菌琼脂斜面培养物。

(2) 蛋白胨水培养基。

【实验方法及结果】

(1) 分别接种大肠杆菌、产气肠杆菌于2支蛋白胨水培养基管中。

(2) 37℃培养48 h取出，每管加2～3滴靛基质试剂于培养物液面（注意应沿管壁慢慢加入，使试剂浮于培养物表面），若二者接触面呈现红色者为靛基质试验阳性，无红色者为阴性。

【实验原理】

有些细菌能分解色氨酸，生成无色的吲哚，当加入靛基质试剂（含对二甲基氨基苯甲醛）后，结合形成玫瑰吲哚，为红色化合物。

(二) 甲基红试验

【实验目的】

了解甲基红试验的原理及实验方法。

【实验材料】
(1) 大肠杆菌、产气肠杆菌琼脂斜面培养物。
(2) 葡萄糖蛋白胨水培养基。
(3) 甲基红试剂(pH 感应界为 4.4～6.0,色调变更为红→黄)。

【实验方法及结果】
将两种细菌分别接种于上述培养基中,置 37℃培养 1～2 d,加入甲基红试剂 2 滴轻摇后观察。出现红色反应为阳性,黄色为阴性。

【实验原理】
有些细菌如大肠杆菌分解葡萄糖产生丙酮酸后,可继续分解丙酮酸产生乳酸、甲酸、乙酸等,由于产生大量有机酸,使培养基 pH 降至 4.5 以下,加入甲基红指示剂即显红色,此为阳性反应。而有些细菌如产气肠杆菌则分解葡萄糖产酸量少,或产生的酸进一步转化为其他物质如醇、酮、醛、气体和水等,则培养基的 pH 仍在 6.2 以上,加入甲基红指示剂呈黄色,此为阴性反应。

(三) V-P 试验

【实验目的】
了解细菌代谢产物的检查方法及在鉴定细菌上的意义。

【实验材料】
(1) 大肠杆菌、产气肠杆菌斜面培养物。
(2) 葡萄糖蛋白胨水培养基。
(3) V-P 试剂(6% α-萘酚酒精溶液,40%氢氧化钾溶液)。

【实验方法及结果】
将细菌分别接种于上述培养基中,置 35℃培养 24～48 h 后,分别取 2 mL 培养物,加入 6% α-萘酚酒精溶液 1 mL,再加入 40%氢氧化钾溶液 0.4 mL,充分振荡,室温下静置 5～30 min 后观察结果,呈红色反应为阳性,如无红色出现,而且置 37℃ 4 h 仍无红色反应者为阴性。本试验常与甲基红试验一起作用。本试验阳性,甲基红试验阴性,反之亦然。

【实验原理】
某些细菌如产气肠杆菌具有丙酮酸脱羧酶,可使分解葡萄糖后产生的丙酮酸脱羧生成中性的乙酰甲基甲醇,后者在碱性条件下,可被空气中的 O_2 氧化成二乙酰,二乙酰可与培养基中含胍基的物质起作用,生成红色化合物,V-P 实验阳性。

(四) 枸橼酸盐利用试验

【实验目的】
了解枸橼酸盐利用试验的原理、结果判断及临床意义。

【实验材料】
(1) 大肠杆菌、产气肠杆菌斜面培养物。
(2) 枸橼酸盐培养基。

【实验方法】
将细菌分别接种于上述培养基斜面上,于 35℃培养 1～4 d,每日观察结果。

【实验结果】

培养基斜面上有细菌生长，而且培养基由淡绿色变为深蓝色者为阳性；无细菌生长，培养基颜色不变保持绿色为阴性。

【实验原理】

枸橼酸盐培养基系一综合性培养基，其中枸橼酸钠为唯一碳源，磷酸二氢铵为唯一氮源。一般细菌能利用磷酸二氢铵作为氮源，但不一定能分解枸橼酸盐取得碳源。因此，根据可否利用枸橼酸盐来鉴别细菌，如产气杆菌可利用枸橼盐作为碳源，细菌生长繁殖，形成菌苔，分解枸橼酸盐生成碱性碳酸盐，使培养基 pH 上升到 7.0 以上，由绿色变为深蓝色，试验结果为阳性；而大肠杆菌则不能分解枸橼酸盐，得不到碳源，不能生长，无菌苔形成，培养基颜色不发生变化，试验结果为阴性。

三、H_2S 试验

【实验目的】

了解 H_2S 试验的原理及临床意义。

【实验材料】

(1) 大肠杆菌、变形杆菌琼脂斜面培养物。

(2) 枸橼酸铁（或醋酸铅）琼脂培养基。

【实验方法及结果】

(1) 分别穿刺接种大肠杆菌、变形杆菌于 2 支枸橼酸铁（或醋酸铅）琼脂培养基管中。

(2) 37℃培养 1~2 d 后观察结果，沿穿刺线部位呈现黑褐色者为阳性，不变色者为阴性。

【实验原理】

某些细菌能分解含硫氨基酸（如胱氨酸），生成硫化氢。硫化氢遇培养基内的铁盐（或铅盐），则形成黑褐色的硫化铁（或硫化铅）沉淀物。

四、尿素酶试验

【实验目的】

了解尿素酶试验的原理及意义。

【实验材料】

(1) 大肠杆菌、变形杆菌琼脂斜面培养物。

(2) 尿素培养基。

【实验方法及结果】

(1) 分别接种大肠杆菌、变形杆菌于 2 支尿素培养基中。

(2) 37℃培养 18~24 h 后观察结果，培养基呈紫红色为阳性反应。

【实验原理】

某些细菌具有尿素分解酶，能分解尿素形成大量的氨，使培养基的 pH 呈碱性，酚红指示剂呈紫红色。

五、内毒素的检测

【实验目的】

了解内毒素的检测原理及检测方法。

【实验材料】

(1) MB-80微生物快速动态检测系统、洁净工作台、T02恒温仪(70℃)、20~200 μL加样器、200~1 000 μL加样器、旋涡混合器、定时器。

(2) 200 μL无致热原吸头、1 000 μL无致热原吸头、无致热原平底试管、无致热原真空采血管。

(3) 革兰阴性菌脂多糖检测试剂盒(光度法),包括反应主剂和样品处理液。

【实验方法】

(1) 打开MB-80微生物快速动态检测系统主机、电脑及恒温仪预热30 min。

(2) 打开MB-80微生物快速动态检测系统软件,录入患者信息、样本种类及检测项目等信息后点击采集(必须先点击采集再插入平底试管)。

(3) 血液前处理过程,无菌操作,用专用无致热原真空采血管(肝素类抗凝)抽取静脉血4 mL轻轻混匀,按转速3 000 r/min进行离心1 min,得到富含血小板血浆。

(4) 取上述富含血小板(上清液的中上部)血浆100 μL,加入到样品处理液中,轻轻摇匀约10 s后插入恒温仪加热区中进行70℃干热10 min。

(5) 干热结束后,将前处理液冷却5 min,至室温后取出(取出时切忌震荡)。

(6) 取上述前处理液中上清液200 μL加入到反应主剂中,轻轻混匀(一般混匀约10 s即可),待完全溶解至透明后,全量移液至平底试管中(注意不要产生气泡),立即插入MB-80微生物快速动态检测系统中进行检测。

(7) 反应结束后仪器自动计算结果并保存(图1-13)。

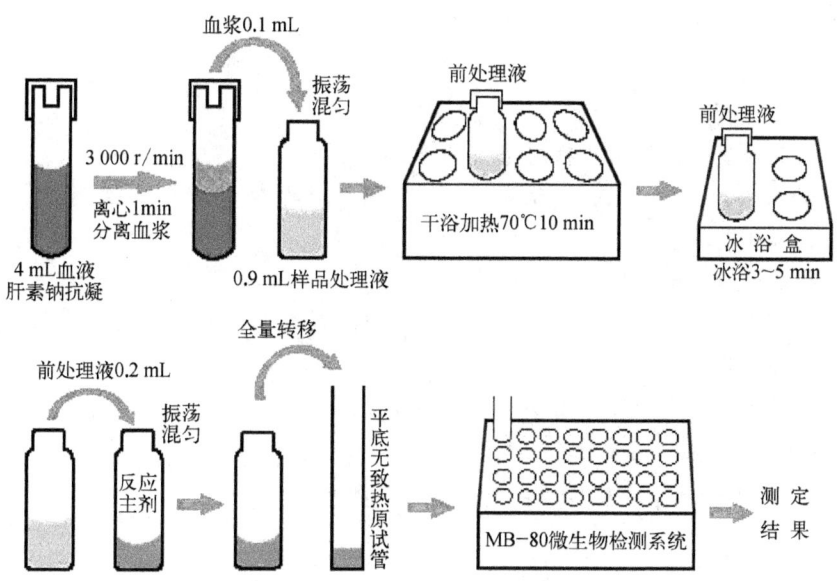

图1-13 内毒素检测实验流程图

【实验结果】

（1）10 pg/mL 以下，为无革兰阴性菌感染。

（2）10～20 pg/mL 之间，为观察期，应连续检测。

（3）20 pg/mL 以上，怀疑为革兰阴性菌感染。

【实验原理】

革兰阴性菌细胞壁外层脂多糖（内毒素）成分能激活酶反应主剂中的相应因子后形成凝固蛋白，根据其引起的吸光度变化对革兰阴性菌脂多糖浓度进行定量测定。

思 考 题

1. 下列哪项发酵试验在初步鉴别肠道致病菌和非致病菌上有重要意义（　　）。
   A. 葡萄糖　　　　　B. 乳糖　　　　　C. 麦芽糖　　　　　D. 甘露醇
   E. 以上都不对
2. 大肠杆菌糖发酵实验的结果是（　　）。
   A. 产酸产气　　　　　　　　　　　B. 只产酸不产气
   C. 不产酸只产气　　　　　　　　　D. 既不产酸也不产气
   E. 以上都不对
3. 大肠杆菌与产气杆菌 IMViC 实验的结果分别是（　　）、（　　）。
   A. ++--　　　B. +-+-　　　C. +--+　　　D. --++
   E. +++-
4. 甲基红实验所用的培养基是（　　）。
   A. 肉汤培养基　　　　　　　　　B. 蛋白胨水
   C. 碱性蛋白胨水　　　　　　　　D. 葡萄糖蛋白胨水
   E. 生理盐水
5. 下列哪种细菌可以利用枸橼酸盐作为唯一的碳源（　　）。
   A. 大肠杆菌　　　B. 产气杆菌　　　C. 变形杆菌　　　D. 副伤寒杆菌
   E. 葡萄球菌
6. 不是细菌合成代谢产物的为（　　）。
   A. 外毒素　　　B. 内毒素　　　C. 类毒素　　　D. 色素
   E. 侵袭性酶类
7. 不属于细菌生化反应的实验是（　　）。
   A. V-P 实验　　　B. 外斐实验　　　C. 糖发酵实验　　　D. 靛基质实验
   E. 甲基红实验
8. 细菌代谢产物的检测主要包括哪些方法？
9. IMViC 试验指的是什么？有什么意义？
10. 什么是细菌内毒素？内毒素对机体有哪些损害？

（李治军）

第二章

经典型实验

第一节 化脓性球菌检测

化脓性球菌是一类能够感染人体并引起化脓性炎症的球状细菌。它们对人体有致病性,常引起皮肤、皮下软组织、深部组织的化脓性感染乃至内脏器官的脓肿,也能引起脓毒血症。化脓性细菌种类较多,主要包括葡萄球菌、链球菌、肺炎链球菌、脑膜炎奈瑟菌及淋病奈瑟菌。

化脓性球菌常引起创伤感染和医院内化脓性感染,它们在形态、染色及培养等方面各有特点,其鉴别在临床上有重要意义。

一、常见化脓性球菌的形态观察

【实验目的】
掌握葡萄球菌、链球菌、肺炎链球菌、脑膜炎奈瑟菌和淋病奈瑟菌的形态。

【实验材料】
(1) 金黄色葡萄球菌、链球菌、肺炎链球菌、脑膜炎奈瑟菌、淋病奈瑟菌革兰染色标本片。
(2) 肺炎链球菌荚膜染色标本片。

【实验方法】
取上述标本片置油镜下观察每种细菌的形态、排列方式及染色。

【实验结果】
(1) 金黄色葡萄球菌菌体呈球形、排列成葡萄串状、革兰染色呈阳性。
(2) 链球菌菌体呈球形或椭球形、链状排列、革兰染色呈阳性。
(3) 肺炎链球菌菌体呈卵圆形或矛头状,常成双排列,宽端相对,尖端相背。菌体外有明显荚膜,革兰染色呈阳性。在普通染色中,荚膜不着色,呈半透明环状。用荚膜染色法可使荚膜着色。
(4) 在患者脑脊液涂片标本中,脑膜炎奈瑟菌常位于中性粒细胞内外,菌体成双排列,呈肾形,凹面相对,革兰染色呈阴性。
(5) 淋病奈瑟菌常成双排列,两球菌的接触面平坦,形似一对咖啡豆。脓汁标本中,大多数常位于中性粒细胞内。革兰染色呈阴性。

二、常见化脓性球菌的培养特征

【实验目的】

（1）熟悉金黄色葡萄球菌、表皮葡萄球菌、腐生葡萄球菌，甲型、乙型、丙型链球菌以及肺炎链球菌在血琼脂平板上的菌落特点和溶血性。

（2）脑膜炎奈瑟菌、淋病奈瑟菌在巧克力琼脂平板上的菌落特点。

【实验材料】

（1）金黄色葡萄球菌、表皮葡萄球菌、腐生葡萄球菌、甲型溶血性链球菌、乙型溶血性链球菌、丙型链球菌及肺炎链球菌的血琼脂平板培养物。

（2）脑膜炎奈瑟菌和淋病奈瑟菌的巧克力琼脂平板培养物。

【实验方法】

观察各种培养平板上的菌落形态、大小、颜色、表面、边缘、透明度等。

【实验结果】

（1）三种葡萄球菌的菌落均为圆形、凸起、表面光滑、湿润、边缘整齐、不透明、中等大小（直径约 2 mm）。金黄色葡萄球菌产生金黄色脂溶性色素，菌落呈金黄色，还可产生溶血毒素，故菌落周围有透明的完全溶血环。表皮葡萄球菌产生白色脂溶性色素，菌落呈白色，不产生溶血毒素，菌落周围无溶血环。腐生葡萄球菌产生柠檬色脂溶性色素，菌落呈柠檬色，不产生溶血毒素，菌落周围无溶血环。

（2）三种链球菌血琼脂平板上形成圆形隆起、灰白色、表面光滑、半透明或不透明的微小（直径为 0.5～0.7 mm）菌落。甲型溶血性链球菌菌落周围有 1～2 mm 宽的草绿色溶血环（α溶血），这种草绿色物质可能是细菌产生的过氧化氢使血红蛋白氧化成正铁血红蛋白所致。乙型溶血性链球菌菌落周围有 2～4 mm 宽、界限分明、完全透明的溶血环（β溶血）。丙型溶血性链球菌不产生溶血素，菌落周围无溶血环。

（3）肺炎链球菌在血琼脂平板上形成圆形、光滑、扁平、透明或半透明细小菌落。在菌落周围有草绿色狭窄溶血环，与甲型链球菌相似。培养时间稍久，因本菌产生自溶酶，出现自溶现象，致使菌落中央凹陷，呈脐状。

（4）脑膜炎奈瑟菌的菌落直径为 1.0～1.5 mm，为无色、圆形、凸起、光滑、透明、似露滴状的小菌落。

（5）淋病奈瑟菌（37 ℃孵育 48 h）为凸起、圆形、灰白色、表面光滑、直径 0.5～1.0 mm 的细小菌落。

三、血浆凝固酶试验

致病性葡萄球菌能产生血浆凝固酶，使血浆中纤维蛋白原变为不溶性纤维蛋白，附于细菌表面，生成凝块，因而具有抗吞噬的作用。凝固酶试验对于判定该菌株是否具有致病力，很有帮助。葡萄球菌凝固酶试验被广泛地用于常规鉴定金黄色葡萄球菌与其他葡萄球菌。葡萄球菌所产生的凝固酶有两种：结合凝固酶和游离凝固酶。结合凝固酶（即凝聚因子）是一种结合于菌体细胞壁的酶，它直接作用于血浆中纤维蛋白原，使之变成纤维蛋白，而使葡萄球菌凝集成块，玻片法阳性结果是由此酶（凝聚因子）所致。游离凝固酶是凝血酶原样物质,不直接作用于血浆纤维蛋白原上,而被血浆中的致活剂(即凝固酶致活因子)激活后,变成耐热的凝血酶样物质,此物质可使血浆中的液态纤维蛋白原变为固态纤维蛋白,从而使血浆凝固。试管法的阳性结果为此酶所致。

【实验目的】

了解血浆凝固酶试验的原理、方法、结果观察及意义。

【实验材料】

(1) 金黄色葡萄球菌和表皮葡萄球菌血琼脂平板培养物。

(2) 兔血浆、生理盐水、毛细滴管、接种环、载玻片、试管等。

【实验方法】

1. 玻片法

(1) 取洁净载玻片 1 块,于两端各加生理盐水 1 滴。

(2) 以灭菌接种环自血琼脂平板上挑取两种葡萄球菌培养物少许,分别混悬于玻片上的生理盐水内,使其成均匀的细菌悬液,观察有无自凝现象。

(3) 于每滴细菌悬液内,各加入兔血浆 1 滴,混匀。

(4) 5~10 s 后观察结果,若细菌呈颗粒状凝集则为阳性,若无凝集则为阴性。

2. 试管法

(1) 用生理盐水将血浆 4 倍稀释,各取 0.5 mL 置于 2 支试管内。然后分别挑取金黄色葡萄球菌和表皮葡萄球菌 3~5 个菌落于稀释血浆中,制成浓菌悬液。

(2) 置 37℃水浴,每 30 min 观察 1 次结果,3~4 h 后,凝固者为阳性。若阴性可继续 37℃孵育 24 h 再观察,仍不凝者为阴性。

【实验结果】

金黄色葡萄球菌能导致血浆凝固,而表皮葡萄球菌则不能(图 2-1)。

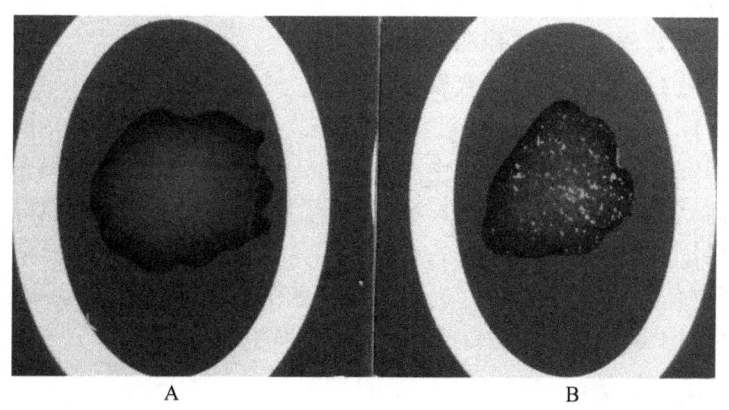

图 2-1 血浆凝固酶试验(玻片法)

A. 阴性;B. 阳性

四、触酶试验

革兰阳性球菌中,葡萄球菌和微球菌等均产生过氧化氢酶,但链球菌不产生,即触酶试验(过氧化氢酶试验)为阴性,故常用此试验来鉴别葡萄球菌和链球菌。本试验不宜用血平板上的菌落,因红细胞内含有触酶,会出现假阳性。此外,陈旧培养物可丢失触酶活性。

【实验目的】

了解触酶试验的原理、方法、结果观察及意义。

【实验材料】

(1) 葡萄球菌、链球菌普通琼脂平板的 24 h 培养物。

(2) 接种环、玻片、3% 过氧化氢(新鲜配制)。

【实验方法】

用接种环挑取固体培养基上的菌落,置于洁净的玻片上,滴加 3% 过氧化氢溶液 1 滴,观察结果。

【实验结果】

有大量气泡产生者为阳性(葡萄球菌),不产生气泡者为阴性(链球菌)。

五、耐热核酸酶试验

金黄色葡萄球菌能产生一种耐热核酸酶,它需要 Ca^{2+} 作为激活剂,对热有显著的抵抗力(100℃、15 min),非致病性葡萄球菌虽也能产生核酸酶,但不耐热。核酸酶可使 DNA 长链水解成寡核苷酸,长链 DNA 可被酸沉淀,而水解后的寡核苷酸则可溶于酸。故于 DNA 琼脂板上加入盐酸,可在产生耐热 DNA 酶的部位形成透明圈。因此,可将耐热核酸酶作为检测致病性葡萄球菌的重要指标之一。

【实验目的】

了解耐热核酸酶试验的原理、方法、结果观察及意义。

【实验材料】

(1) 金黄色葡萄球菌及表皮葡萄球菌培养物。

(2) 含 0.2% DNA 琼脂平板、吸管等。

【实验方法】

将被检菌 12~18 h 培养物置沸水中煮沸 15 min,冷却后,吸取培养物 1~2 滴,滴加在含 0.2% DNA 琼脂平板表面,37℃孵育 18~24 h,然后用 1N HCl 倾注平板,观察结果。

【实验结果】

培养物部位有透明圈者为阳性(金黄色葡萄球菌),无透明圈者为阴性(表皮葡萄球菌)。此试验可用于区分金黄色葡萄球菌和表皮及腐生葡萄球菌。

六、ASO 试验(ASO)

乙型溶血性链球菌产生溶血毒素"O",溶血毒素"O"在空气中迅速失去溶血活力,在检测 ASO 时,先将溶血毒素"O"还原,恢复其溶血活力,再与不同稀释度的患者血清混合,加 O 型红细胞或兔红细胞悬液作为指示剂。"O"溶血素具有很强的抗原性,人受溶血性链球菌感染后 2~3 周,体内即可产生 ASO 抗体,此种抗体能中和溶血素"O",直至病愈后数月至年余才消失。若患者血清内溶血素"O"的抗体效价显著增高,可认为最近受过或反复受过溶血性链球菌的感染,如患风湿及急性肾小球肾炎等,可作为链球菌感染后变态反应性疾病的辅助诊断。

【实验目的】

掌握抗"O"试验的原理及其在临床检验中的意义。

【实验材料】

(1) 溶血素"O"和还原剂。

(2) 2%兔红细胞悬液。

(3) 生理盐水。

(4) 小试管、吸管、试管架、37℃水浴箱等。

【实验方法】

(1) 将待检血清先经56℃、30 min灭活。然后取0.1 mL加入0.9 mL盐水中混匀,再取1∶20稀释血清0.1 mL加入0.9 mL盐水中,则稀释血清为1∶200。

(2) 取小试管5支并分别编号,第一管不加生理盐水,第五管加0.75 mL,其余3管均加0.5 mL生理盐水,置试管架上。

(3) 于第一管和第二管内分别加入1∶200稀释血清0.5 mL,混匀后从第二管取0.5 mL加入第三管中,混匀后取0.5 mL弃去(表2-1)。

(4) 除第五管外每管均加入1个单位溶血素"O" 0.25 ml,37℃水浴15 min。

(5) 各管均加入2%兔血红细胞0.25 mL,37℃水浴45 min。

(6) 观察有无溶血现象。

表2-1 ASO试验

试管	1	2	3	溶血素对照	红细胞对照
生理盐水	—	0.5	0.5	0.5	0.75
待检血清(1∶200)	0.5	0.5	0.5	—	—
溶血素"O"	0.25	0.25	0.25 弃去	0.25	—
兔血红细胞(2%)	0.25	0.25	0.25	0.25	0.25

【实验结果】

溶血者液体呈红色透明,不溶血者混浊,完全不溶血之血清最大稀释度即为该血清的ASO抗体的效价。例如,结果为1∶200(−),1∶400(−),1∶800(+),则效价为1∶400。目前临床标准1∶200以下为阴性,1∶400以上为阳性。

七、胆汁溶菌试验

肺炎链球菌能产生自溶酶,可被胆汁或胆盐活化,使肺炎链球菌出现自溶现象。胆汁可降低细菌的表面张力,加速细菌裂解,以此区别肺炎双球菌和甲型溶血性链球菌。

【实验目的】

了解胆汁溶菌试验的原理及临床意义。

【实验材料】

10%去氧胆酸钠或纯牛胆汁、肺炎双球菌及甲型溶血性链球菌的培养物。

【实验方法】

1. 试管法 取被检菌 18~24 h 肉汤培养物 1 mL,加入去氧胆酸钠溶液 0.1 mL 或纯牛胆汁 0.2 mL,另取同一培养物 1 mL 加入生理盐水 0.1 mL 作为对照,摇匀后置于 37℃ 水浴箱内 10~15 min,若加胆汁(或胆盐)管的培养物清晰、透明,对照管仍均匀混浊者为阳性。

2. 平板法 用接种环取 10% 去氧胆酸钠溶液涂于血平板的被检菌落上,37℃ 孵育 30 min,观察结果。若菌落消失为阳性,否则为阴性。

【实验结果】

肺炎链球菌的肉汤培养物变清晰、透明,对照管仍均匀混浊。甲型溶血性链球菌肉汤培养物和对照管均为混浊。肺炎链球菌菌落消失,甲型溶血性链球菌菌落无变化。

八、氧化酶试验

某些细菌如奈瑟菌和铜绿假单胞菌等具有氧化酶(细胞色素氧化酶),可通过细胞色素 C 将二甲基对苯二胺或四甲基对苯二胺氧化成红色的醌类化合物。氧化酶试验阳性是奈瑟菌的共同特点。

【实验目的】

了解氧化酶试验的原理及临床意义。

【实验材料】

(1) 1% 盐酸四甲基对苯二胺或 1% 盐酸二甲基对苯二胺水溶液,盛于密闭的棕色瓶置冰箱内可保存 1 周。

(2) 脑膜炎奈瑟菌、铜绿假单胞菌、大肠杆菌。

【实验方法】

取洁净的白色滤纸一角,蘸取被检细菌少许,滴加试剂 1 滴,观察颜色变化。上述试剂也可滴加至被检菌落上,观察菌落的变色情况。

【实验结果】

蘸取脑膜炎奈瑟菌和铜绿假单胞菌的滤纸一角变红,菌落也变红,为氧化酶试验阳性。大肠杆菌无红色出现,氧化酶试验阴性。

思 考 题

一、名词解释

1. ASO 试验 2. SPA 3. SLO 4. 血浆凝固酶 5. M 蛋白

二、问答题

1. 简述链球菌的分类依据。
2. 简述金黄色葡萄球菌的致病物质及所致疾病。
3. 简述葡萄球菌的分类依据及意义。
4. 简述甲型溶血性链球菌和肺炎链球菌的鉴别要点,以及需要鉴别的原因。
5. 金黄色葡萄球菌和乙型溶血性链球菌引起的化脓感染有何不同,其原因是什么?

(李 蓓)

第二节 肠道杆菌检测

肠道杆菌是一大群寄居在人类和动物肠道中生物学性状近似的革兰阴性中等大小杆菌。大多数肠道杆菌是肠道的正常菌群,但在宿主抵抗力低下或细菌侵入肠道以外部位时,可以作为条件致病菌引起疾病。一部分肠道杆菌是引起人类肠道疾病的主要病原菌,如痢疾杆菌、沙门菌、致病性大肠杆菌等。肠道杆菌在形态、染色性及营养要求上无其他区别,因此鉴定肠道杆菌一般用生化反应作初步鉴定,然后再根据需要,用血清学试验或特异噬菌体的溶菌试验等作进一步鉴定。

一、肠道杆菌的形态观察

【实验目的】
了解肠道杆菌的形态学特征。
【实验材料】
大肠杆菌、伤寒沙门菌、痢疾志贺菌等革兰染色标本片。
【实验方法及结果】
油镜下观察,三种肠道杆菌均呈红色的革兰阴性杆菌,两端较钝圆,大小无明显差异。肠道杆菌不能通过形态及染色性等鉴别。

二、肠道杆菌的培养特征

【实验目的】
熟悉常见肠道杆菌在伊红美蓝琼脂平板(EMB)及沙门菌志贺菌强选择性培养基(Salmonella-Shigella 培养基,SS 培养基)培养基上的菌落特点;了解变形杆菌迁徙生长现象。
【实验材料】
(1) 大肠杆菌、伤寒沙门菌及痢疾志贺菌等 EMB 和 SS 琼脂平板培养物。
(2) 变形杆菌普通琼脂平板培养物。
【实验方法】
分别观察大肠杆菌、伤寒沙门菌及痢疾志贺菌在 EMB 和 SS 琼脂平板上生长的菌落的大小、颜色及透明度。观察变形杆菌在普通琼脂平板上的生长现象。
【实验结果】
1. 大肠杆菌菌落　较大、圆形、光滑、不透明,在 EMB 上形成深紫蓝色菌落(因分解乳糖产酸,与伊红美蓝结合),在 SS 琼脂平板上形成红色菌落(因分解乳糖产酸,中性红指示剂变红)。
2. 伤寒沙门菌和痢疾志贺菌菌落　中等大小、圆形、光滑、半透明,在 EMB 和 SS 上呈无色或淡黄色(因不分解乳糖)。

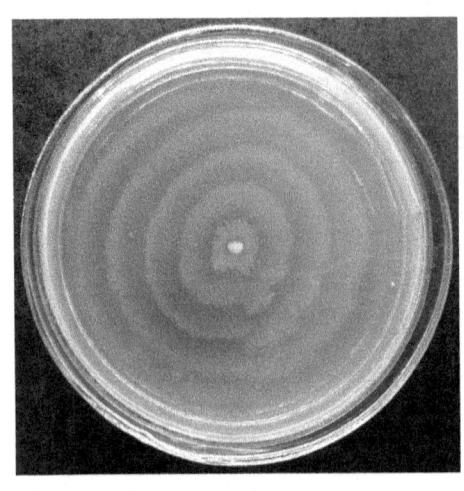

图 2-2 变形杆菌波状菌苔

3. 变形杆菌菌落或菌苔 在固体培养基上形成以接种点为中心厚薄交替,同心圆形的层层波状菌苔,无单个菌落,呈迁徙生长(图 2-2)。

三、肠道杆菌的生化反应

【实验目的】

了解大肠杆菌、沙门菌属及痢疾志贺菌的生化反应特点。

【实验材料】

（1）大肠杆菌、伤寒沙门菌、甲型副伤寒杆菌、福氏痢疾杆菌、产气杆菌及普通变形杆菌的单糖(葡萄糖、乳糖、甘露醇)发酵管培养物。

（2）上述六种肠道杆菌蛋白胨水培养物(靛基质试验)及葡萄糖蛋白胨水培养物(甲基红、VP 试验)。

（3）上述六种肠道杆菌枸橼酸盐(枸橼酸盐利用试验)及枸橼酸铁培养物(H_2S 试验)。

（4）上述六种肠道杆菌尿素培养基培养物(尿素试验)。

（5）上述六种肠道杆菌半固体培养物(动力试验)。

【实验方法】

（1）观察上述六种肠道杆菌在单糖发酵管内生长情况,注意是否分解及产酸(黄色)、产气情况。

（2）于上述六种肠道杆菌蛋白胨水培养物内,分别加入靛基质试剂,观察培养物与加入试剂的接触面是否变红。

（3）观察上述六种肠道杆菌在葡萄糖蛋白胨水中的颜色变化,看是否变红。

（4）观察上述六种肠道杆菌的枸橼酸盐培养物是否变为深蓝色,枸橼酸铁培养物是否有黑色出现。

（5）观察上述六种肠道杆菌尿素培养物是否呈紫红色。

（6）观察上述六种肠道杆菌在半固体培养基内的生长现象。

【实验结果】

六种肠道杆菌生化反应结果见表 2-2。

表 2-2 六种肠道杆菌生化反应结果

菌 名	葡萄糖	甘露醇	乳糖	靛基质	甲基红	V-P 试验	枸橼酸盐	硫化氢	尿素分解	动力
福氏痢疾杆菌	+	+	−	−/+	+	−	−	−	−	−
伤寒杆菌	+	+	−	−	+	−	−/+	+	−	+
甲型副伤寒杆菌	⊕	⊕	−	−	+	−	++	−	−	+
大肠杆菌	⊕	⊕	⊕	+	+	−	−	−	−	+
产气杆菌	⊕	⊕	⊕	−	−	+	+	−	−	+
普通变形杆菌	⊕	−	−	+	+	−	−/+	++	+	+

注：+：表示产酸或阳性；−：表示阴性；⊕：表示产酸和产气。

四、肥达(Widal)试验

人患伤寒或副伤寒后,经 1~2 周,血清内即可产生相应抗体。此种抗体在体外与相应细菌(伤寒或副伤寒杆菌)结合时,能使细菌发生凝集。肥达反应即是依据此原理,用已知伤寒沙门菌 O、H 和甲、乙型副伤寒沙门菌 H 抗原(诊断菌液)与患者血清作定量凝集试验,根据抗体的有无、含量多少及其增长情况,作为伤寒与副伤寒的辅助诊断。

【实验目的】
掌握肥达反应原理、操作方法、结果判断及临床意义。

【实验材料】
(1) 待检患者血清(1∶20 稀释)。
(2) 生物制品研究所有商品供应,一般包括伤寒沙门菌"O"及"H"菌液、甲型副伤寒沙门菌(PA)"H"菌液、乙型副伤寒沙门菌(PB)"H"菌液。
(3) 生理盐水、移液器、吸头和移液器架等。

【实验方法】
(1) 取小试管 24 支,分 4 排置试管架上,每排 6 支,于每排第一管上分别标记 O、H、PA、PB(表 2-3)。

表 2-3 肥 达 反 应

试 管	1	2	3	4	5	6
生理盐水(mL)	0.5	0.5	0.5	0.5	0.5	0.5
患者血清 20×(mL)	0.5 →	0.5 →	0.5 →	0.5 →	0.5 →	弃去
诊断菌液(mL)	0.5	0.5	0.5	0.5	0.5	0.5

(2) 每管加生理盐水 0.5 mL。
(3) 吸取 1∶20 的患者血清 0.5 mL 加至每排的第 1 管,混匀,再吸取 0.5 mL 加至第 2 管,依次稀释至第 5 管,最后吸取第 5 管 0.5 mL 混合液弃去。第 6 管不加血清作为对照。
(4) 每支试管中加入诊断菌液:第一排各管内加 0.5 mL 伤寒"O"诊断菌液。第二排各管内加 0.5 mL 伤寒"H"诊断菌液。第三排各管内加 0.5 mL 甲型副伤寒(PA)"H"诊断菌液。第四排各管内加 0.5 mL 乙型副伤寒(PB)"H"诊断菌液。
(5) 将试管架充分振摇,使诊断菌液与血清混匀,置 56℃水浴 1 h,拿出静置 30 min 后观察结果,确定凝集效价。

【实验结果】
(1) 先勿振动试管,开始观察生理盐水对照管,正确结果是:管底沉淀物呈圆形,边缘整齐,轻轻振摇,细菌分散仍呈均匀混浊,即未出现凝集现象。若出现非特异性凝集现象,则本次试验无效。
(2) 观察试验管应自第一管看起,"O"型伤寒沙门菌抗原凝集物呈颗粒状,轻摇时不易升起和离散;"H"型抗原凝集物呈疏松棉絮状,轻摇时易升起和离散。根据凝集反应的有无及程度,分别以下列记号表示:

++++:很强,细菌完全被凝集于管底,管内液体澄清。

＋＋＋：强，细菌大部分被凝集于管底，管内液体轻度混浊。
＋＋：中等程度，细菌部分被凝集管底，管内液体中度混浊。
＋：弱，细菌仅少量被凝集管底，但不明显，管内液体混浊。
—：无凝集，管内液体与对照管相同。

(3) 凡最高血清稀释度仍能与相应菌液发生明显凝集反应（"＋＋"）者，此管血清稀释度即为该被检查患者血清效价。将结果填入表2-4。

表2-4 肥达反应结果记录表

血清浓度	1 (1∶80)	2 (1∶160)	3 (1∶320)	4 (1∶640)	5 (1∶1 280)	6 对照
伤寒沙门菌"O"						
伤寒沙门菌"H"						
甲型副伤寒沙门菌"PA"						
乙型副伤寒沙门菌"PB"						

【结果分析】

肥达反应仅是一种辅助诊断方法，在判断结果对疾病作出诊断时，需综合考虑以下几点。

(1) 首先应了解当地正常人效价，一般情况下，伤寒沙门菌O凝集价在1∶80以上，H凝集价在1∶160以上，甲、乙型副伤寒沙门菌凝集价在1∶80以上才有诊断意义。

(2) 曾接种过伤寒沙门菌苗者，血清中含有凝集素。由于H凝集素在血内保持时间较久，O凝集素较短，所以曾注射菌苗者O凝集价在诊断上比较重要。

(3) 真正的伤寒患者O凝集素出现常较H凝集素为早，存在于血清内时间较短；H凝集素产生较慢但效价较高，存在时间较长，可达数年。

(4) 过去曾接种过伤寒菌苗或患过伤寒病，近期又感染流感或布鲁菌病时，可产生高效价的H凝集素及较低的O凝集素，此种反应称为非特异回忆反应，其他如结核病、败血症、斑疹伤寒、肝炎等也可出现类似反应。

(5) 确诊为伤寒的患者中，约有10%肥达反应始终为阴性，故阴性结果不能完全排除伤寒的诊断。

(6) 采血时间不同，肥达反应的阳性率也不同，发病第一周50%，第二周80%，第四周90%以上。恢复期凝集价最高，以后逐渐下降。一般以双份血清（急性期和恢复期）对比，凝集价有明显上升者作为新近感染的指征。

思 考 题

一、名词解释

1. 肠热症 2. 肥达试验 3. Vi抗原 4. S-R变异 5. 人致病性大肠杆菌定居因子 6. SS培养基

二、问答题

1. 对肠热症患者进行微生物学检查时采取标本应注意什么？
2. 简述产毒性大肠杆菌的主要致病物质及其作用。

3. 简述志贺志贺菌的致病作用。
4. 简述 IMVC 试验。
5. 试述志贺菌的致病性。
6. 简述对可疑痢疾患者进行病原学诊断的常规和快速方法。
7. 患者,男性,20 岁,两天前出现腹痛,腹泻,大便每日 10 余次,初为糊状,后为脓血黏液便,有明显里急后重感,病前一周曾外出旅行体检:T37.8℃,呈轻度脱水状,肠鸣音亢进,WBC 12 000/mm^3。

问题:该患者可能受什么病原体感染?患的是什么病?试述确诊本病的病原学检查法。

8. 试述肥达反应的原理及诊断意义。
9. 男,26 岁,因高热,寒战,腹部不适 1 周入院。入院时体温 39℃,脉搏 86 次/分,呼吸 28 次/分,神志迟钝,食欲欠佳,舌红,右上胸有淡红色皮疹 3 个,心肺无异常,肝大肋下 2 cm,脾肋下可触及,血常规 WBC 5 200/mm^3,中性粒细胞 56%,淋巴细胞 38%,单核细胞 6%。

请问:某男可能患什么病?应用你已有的微生物学知识做出实验室诊断。

10. 试述大肠杆菌的致病作用。
11. 什么是不耐热肠毒素(LT)?简述其物理性质、基本结构、致病机理和与霍乱肠毒素(CT)的关系。
12. 伤寒沙门菌是如何引起肠热症的?
13. 根据 O 抗体和 H 抗体的哪些不同特点来判断肥达试验结果?
14. 志贺菌属的致病物质及其作用机制是什么?

(欧 琴)

第三节 厌氧性细菌检测

厌氧性细菌简称厌氧菌,是指一大群生长和代谢不需要氧气,利用发酵获得能量的细菌,分为有芽孢厌氧梭菌属和无芽孢厌氧菌。厌氧芽孢梭菌属临床常见的有破伤风芽孢梭菌、产气荚膜梭菌、肉毒芽孢梭菌及艰难梭菌,主要引起外源感染。无芽孢厌氧菌包括多个菌属的球菌和杆菌,多为人体正常菌群的成员,可引起内源性感染。本实验要求掌握常见厌氧芽孢梭菌的形态、培养特征及鉴别要点。

一、常见厌氧芽孢梭菌的形态观察

【实验目的】
掌握破伤风芽孢梭菌、产气荚膜梭菌和肉毒芽孢梭菌的形态特征。

【实验材料】

破伤风芽孢梭菌、产气荚膜梭菌和肉毒芽孢梭菌革兰染色标本片。

【实验方法】

分别取三种细菌革兰染色标本片,置油镜下观察其形态及特殊结构(芽孢、荚膜)。

【实验结果】

1. 破伤风芽孢梭菌　革兰染色阳性。菌体呈细长杆状,芽孢正圆形,直径大于菌体,位于菌体顶端,使细菌呈鼓槌状,为该菌典型特征。

2. 产气荚膜梭菌　革兰染色阳性粗大杆菌。芽孢小于菌体,位于次极端,呈椭圆形,但在组织中和普通培养基上较少形成。在被感染的人或动物体内,菌体周围有明显荚膜。

3. 肉毒芽孢梭菌　革兰染色阳性短粗杆菌。芽孢呈椭圆形,大于菌体,位于菌体次极端,使细菌呈典型的网球拍状或汤匙状。

二、常见厌氧芽孢梭菌的培养特征

【实验目的】

了解厌氧培养法及其原理,熟悉常见厌氧芽孢梭菌的培养及菌落特征。

【实验材料】

(1) 破伤风芽孢梭菌、产气荚膜梭菌、肉毒芽孢梭菌疱肉培养物。

(2) 疱肉培养基、血琼脂平板培养基。

(3) 接种环、酒精灯、无菌纱布块、脱脂棉、焦性没食子酸、10% NaOH、石蜡等。

【实验方法】

1. 疱肉培养基厌氧培养法

(1) 将疱肉培养基于酒精灯火焰上加热融化凡士林。

(2) 用接种环挑取3种厌氧菌的疱肉培养物各一环,分别接种于3个疱肉培养基的肉汤中。

(3) 置80~85℃水浴10 min,将培养基直立于试管架上,用凡士林密封后,置37℃温箱中培养24~28 h,观察结果。

2. 碱性焦性没食子酸厌氧培养法

(1) 用接种环挑取3种厌氧菌的疱肉培养物各一环,分别将细菌划线接种于血琼脂平板上。

(2) 取方形玻璃一块,中央置脱脂棉一片,放1 g焦性没食子酸于脱脂棉上,然后覆盖一小块无菌纱布,再向纱布上滴加10% NaOH 约1 mL。

(3) 立即将种有细菌之平板反盖于方形玻璃上,并在平板周围迅速用熔化石蜡密封。

(4) 置37℃温箱中培养24~28 h,取出观察菌落特点及有无溶血现象等。

【实验结果】

1. 疱肉培养法

(1) 破伤风芽孢梭菌:肉汤轻度浑浊,肉渣部分被消化,微变黑,产生少量气体,有腐败恶臭。

(2) 产气荚膜梭菌:肉汤浑浊,肉渣变成粉红色,不被消化,产生大量气体,将液面石蜡推向上方。

(3) 肉毒芽孢梭菌：肉汤浑浊，消化肉渣，使之变黑，有腐臭，产生气体。

2. 碱性焦性没食子酸培养法

(1) 破伤风芽孢梭菌：血琼脂平板上形成疏松、不规则、边缘不整齐呈锯齿状菌落，菌落周围有β溶血环。

(2) 产气荚膜梭菌：血琼脂平板上生成圆形、凸起、光滑、半透明、边缘整齐的菌落，多数菌株在菌落周围出现双层溶血环，内层完全溶血，外层不完全溶血。

(3) 肉毒芽孢梭菌：血琼脂平板上形成发丝状或盘状灰色菌落，有溶血圈。

【实验原理】

1. 庖肉培养基厌氧培养法　培养基中的肉渣含有不饱和脂肪酸和谷胱甘肽，具有还原性，能吸收培养基中的氧，使氧化还原电势下降；凡士林封闭培养基液面，可隔绝空气中的游离氧进入培养基内，形成良好的厌氧条件，故适于培养厌氧菌。

2. 碱性焦性没食子酸厌氧培养法　焦性没食子酸是还原剂，在碱性溶液中能迅速吸收氧气，生成深棕色的焦性没食子橙，是有效的化学除氧方法。每容器按 100 mL 容积加 1 g 焦性没食子酸和 10% NaOH 1 mL，立即石蜡封闭培养基，形成良好的厌氧条件。

三、"汹涌发酵"试验

【实验目的】

了解"汹涌发酵"试验的原理、现象及意义。

【实验材料】

(1) 产气荚膜梭菌庖肉培养物。

(2) 溴甲酚紫牛乳培养基。

(3) 接种环、酒精灯等。

【实验方法】

(1) 将庖肉培养物及溴甲酚紫牛乳培养基管倾斜，置火焰上微微加热，使凡士林融化，并黏于管壁一侧。

(2) 用接种环挑取产气荚膜梭菌庖肉培养物二环，接种于溴甲酚紫牛乳培养基中。

(3) 待接种后再稍加温，直立试管，使凡士林封闭。

(4) 置 37℃ 温箱中培养 6~8 h，观察"汹涌发酵"现象。

【实验结果】

产气荚膜梭菌可分解乳糖产酸（使牛乳培养基中溴甲酚紫指示剂由紫色变为黄色），使酪蛋白凝固，产生大量气体，冲散凝固的酪蛋白，将凡士林冲向试管口，气势汹涌称为"汹涌发酵"现象。

【实验原理】

产气荚膜梭菌在牛乳培养基中，能分解乳糖产酸，使其中的酪蛋白凝固；同时产生大量气体（H_2 和 CO_2），可将凝固的酪蛋白冲成蜂窝状，将液面上的凡士林层上推，甚至冲开棉塞，气势汹涌，称为"汹涌发酵"现象，是鉴定本菌的特点之一。

四、脂酶试验

【实验目的】
了解脂酶试验的原理、方法及结果判断。

【实验材料】
(1) 肉毒芽孢梭菌和破伤风芽孢梭菌的疱肉培养物。
(2) 卵黄琼脂平板。

【实验方法】
1. 将上述两种疱肉培养物培养基管倾斜,置火焰上微微加热,使凡士林融化,并黏于管壁一侧。
2. 用接种环分别挑取两种细菌疱肉培养物,接种在两个卵黄琼脂平板上。
3. 置37℃厌氧培养48~72 h,观察结果。

【实验结果】
肉毒芽孢梭菌菌落周围出现浑浊圈,脂酶试验阳性;破伤风芽孢梭菌菌落周围无上述现象,脂酶试验阴性。

【实验原理】
肉毒芽孢梭菌能产生脂酶,作用于卵黄琼脂中的游离脂肪,生成甘油和不溶性游离脂肪酸,在菌落下面的培养基中,形成局限性的不透明区,且于菌落表面形成一层珠光层。

五、产气荚膜梭菌动物试验

【实验目的】
了解产气荚膜梭菌的致病性。

【实验材料】
(1) 产气荚膜梭菌疱肉培养物。
(2) 正常小白鼠、注射器等。

【实验方法】
(1) 吸取产气荚膜梭菌培养物0.2~1.0 mL,注入小白鼠腹腔内。
(2) 5~10 min后将小白鼠断髓处死,置37℃温箱中5~8 h。
(3) 取出动物,观察有无膨胀气肿现象,解剖动物观察脏器及肌肉有无气泡,然后取内脏检查。

【实验结果】
见小白鼠腹部鼓胀,尸检可见各脏器与肌肉内有大量气泡,以肝脏为最明显,称之为"泡沫肝",有特殊的臭味。内脏涂片、革兰染色镜检,可见革兰阳性、有明显荚膜的短粗大杆菌,为产气荚膜梭菌。

思 考 题

一、名词解释

1. 汹涌发酵　2. TAT　3. 肉毒毒素　4. 厌氧性细菌　5. Nagler 反应

二、问答题

1. 临床常见的致病性厌氧芽孢梭菌有哪些？其致病条件是什么？
2. 请比较无芽孢厌氧菌与厌氧芽孢梭菌。
3. 破伤风梭菌是如何引起破伤风特有症状的？
4. 如何防治破伤风？
5. 为什么患破伤风后不易获牢固免疫力？
6. 肉毒梭菌与其他细菌引起的食物中毒有何不同？
7. 简述肉毒梭菌的致病机制。
8. 简要列出气性坏疽的防治措施。
9. 试述破伤风的临床特点及其致病机制。
10. 解释气性坏疽的临床表现，如何进行早期诊断？

(欧　琴)

第四节　呼吸道感染细菌检测

呼吸道感染细菌是指经呼吸道传播，引起呼吸道或呼吸道以外器官病变的一类细菌，主要包括结核分枝杆菌、白喉棒状杆菌、嗜肺军团菌、百日咳鲍特菌、流感嗜血杆菌及肺炎克雷伯菌等。

一、常见呼吸道感染细菌形态观察

【实验目的】

掌握结核分枝杆菌和白喉棒状杆菌的形态、染色性，了解麻风分枝杆菌等细菌的形态、染色性。

【实验材料】

(1) 结核分枝杆菌与麻风分枝杆菌抗酸染色标本片、白喉棒状杆菌及百日咳鲍特菌革兰染色标本片。

(2) 香柏油、显微镜、擦镜纸等。

【实验方法及结果】

油镜下观察上述标本片。

1. 结核分枝杆菌　细长或略带弯曲的杆菌，单个存在或平行相聚排列，有时呈分枝状。抗酸染色阳性(红色)，背景及其他非抗酸菌均呈蓝色。

2. 麻风分枝杆菌　麻风分枝杆菌与结核分枝杆菌的镜下鉴别要点见表 2-5。

3. 白喉棒状杆菌　菌体细长微弯，一端或两端膨大呈棒状，排列很不规则，常呈"L""V"或"Y"形，也可排列成栅栏状，革兰染色阳性(紫色)，Neisser 染色后菌体两端或一端可见着色较深的异染颗粒。

表 2-5 麻风分枝杆菌与结核分枝杆菌的镜下特征

比 较 内 容	麻风分枝杆菌	结核分枝杆菌
排列方式	呈束状或柴捆状	单个散在
菌体形态	粗直、两端尖细	细长、略弯曲
涂片中细菌数	较多	较小
标本来源	病变组织	痰、粪、尿及体液

4. 百日咳鲍特菌　革兰阴性球杆菌,具有多形性。

二、结核分枝杆菌和白喉棒状杆菌培养特征

【实验目的】

了解结核分枝杆菌及白喉棒状杆菌的培养特征。

【实验材料】

(1) 结核分枝杆菌固体培养基培养物。

(2) 白喉棒状杆菌吕氏血清培养物及亚碲酸钾血琼脂平板培养物。

【实验方法及结果】

结核分枝杆菌在含有蛋黄、马铃薯、甘油和天门冬酰胺等的固体培养基上的菌落呈干燥、坚硬、表面呈颗粒状,乳酪色或黄色,形似花菜样;在液体培养基中呈粗糙皱纹状菌膜生长。

白喉棒状杆菌在吕氏血清培养基上生长迅速,形成圆形灰白色的小菌落。在亚碲酸钾血琼脂平板上,白喉杆菌能使亚碲酸钾还原为黑色的金属元素碲,形成黑色或灰色菌落,亚碲酸钾可抑制其他杂菌生长。

三、分枝杆菌菌种鉴定

【实验目的】

了解结核分枝杆菌、牛结核分枝杆菌和非结核分枝杆菌的鉴定方法。

【实验材料】

(1) 结核分枝杆菌、牛结核分枝杆菌和非结核分枝杆菌(耻垢杆菌)培养物。

(2) PNB(对硝基苯甲酸)培养基和 TCH(噻吩-2-羧酸肼)培养基。

(3) 30% H_2O_2、10% Tween-80、接种环、酒精灯等。

【实验方法】

1. 培养

(1) 将上述三种细菌制备成 10^{-2} mg/mL 的菌悬液。

(2) 分别接种 0.1 mL 的菌悬液于 PNB 和 TCH 培养基中。

(3) 37℃培养,每周观察一次,非结核分枝杆菌 1 周内可长出菌落,结核分枝杆菌 3~4 周出现肉眼可见的菌落。

2. 触酶试验和热触酶试验

(1) 取结核分枝杆菌、牛结核分枝杆菌和耻垢分枝杆菌 10 mg 左右放入小试管内,分别加入 0.067 mol/L 的磷酸盐缓冲液(PBS,pH 7.0)至 1.0 mL,制成细菌悬液。

(2) 将 1 mL 菌悬液分装入各 0.5 mL 的小试管中,取三种菌悬液各 1 支放 68℃水浴

内保温 20 min,取出后冷却至室温,向 6 支菌悬液管内沿管壁徐徐加入新鲜配制的 30% H_2O_2 和 10% Tween-80 等量混合液 0.5 mL,勿摇动,观察结果。产生气泡为阳性,无气泡为阴性。

【实验结果】

三种分枝杆菌的鉴别结果见表 2-6。

表 2-6　三种分枝杆菌的鉴别

菌　种	PNB	TCH	触酶试验	热触酶试验
结核分枝杆菌	−	+	+	−
牛结核分枝杆菌	−	−	+	−
非结核分枝杆菌	+	+	+	+

四、抗酸染色

【实验目的】

掌握抗酸染色的原理、方法及意义。

【实验材料】

(1) 卡介苗和变形杆菌混合液。

(2) 染液:① 抗酸染液Ⅰ:苯酚复红。② 抗酸染液Ⅱ:3%盐酸酒精。③ 抗酸染液Ⅲ:碱性亚甲蓝液。

(3) 载玻片、接种环、酒精灯、显微镜、擦镜纸。

【实验方法】

1. 涂片标本的制作　卡介苗和变形杆菌混合液制片,方法如革兰染色。

2. 染色

(1) 在涂片滴加苯酚复红液,染色 20 min(随时补加染液,以防干枯),水洗。

(2) 滴加 3%盐酸酒精,轻轻摇动玻片,直至无红色流下为止(30~60 s),水洗。

(3) 滴加碱性亚甲蓝,复染 1 min,水洗。

【实验结果】

染色片吸水纸吸干,油镜检查。镜下可见红色的卡介苗,为抗酸染色阳性;蓝色的变形杆菌,为抗酸染色阴性。

【实验原理】

结核分枝杆菌一般常用齐-尼(Ziehl-Neelsen)抗酸染色,结核分枝杆菌能抵抗 3%盐酸酒精脱色呈红色,而其他非抗酸细菌及细胞等呈蓝色。结核分枝杆菌的抗酸性与细胞壁内所含分枝菌酸残基和胞壁固有层的完整性有关。

五、结核菌素试验

人感染结核分枝杆菌后,产生免疫力的同时也会发生迟发型超敏反应。将一定量的结核菌素接种入皮内,若受试者曾感染结核分枝杆菌,则在接种部位出现直径超过 0.5 cm 的红肿硬结的炎症反应,为结核菌素试验阳性。同时,卡介苗接种成功,结核菌素试验也呈阳性,说明机体有特异性免疫力。

【实验目的】
熟悉结核菌素试验原理、结果判断及意义。
【实验材料】
豚鼠(300 g,结核菌素试验阴性者)、卡介苗、5%旧结核菌素、无菌注射器(1 mL)及4号针头、碘酒、棉花、剪刀。
【实验方法】
(1) 取豚鼠2只,一只在右腹沟内侧皮下注射卡介苗1 mL,另一只不注射作为对照。
(2) 将动物标记后,置笼中饲养1个月。
(3) 将两只动物腹侧部毛剪去一块,用碘酒消毒后,以1 mL无菌注射器吸取1∶1 000稀释的旧结核菌素,每只豚鼠皮内注入0.1 mL。
4. 48～72 h后观察结果。
【实验结果】
如注射部有红肿硬结,直径超过0.5 cm者为阳性。被预先注射过卡介苗的豚鼠结核菌素试验为阳性,另外一只为阴性。

六、流感嗜血杆菌卫星试验

【实验目的】
了解卫星试验原理、方法及结果判断。
【实验材料】
(1) 金黄色葡萄球菌和流感嗜血杆菌培养物。
(2) 血琼脂平板培养基。
【实验方法】
(1) 用接种环挑取流感嗜血杆菌接种在血琼脂平板上。
(2) 将金黄色葡萄球菌点种其上2～4处。
(3) 置37℃温箱培养24 h后观察结果。
【实验结果】
可见金黄色葡萄球菌菌落邻近处的流感嗜血杆菌菌落较大,较远处渐小,即为"卫星现象"阳性。
【实验原理】
当与金黄色葡萄球菌在血平板上共同孵育时,由于后者能合成较多的V因子,可促进流感嗜血杆菌生长。因此,在金黄色葡萄球菌菌落周围生长的流感嗜血杆菌的菌落较大,离金黄色葡萄球菌菌落越远的越小,此称为"卫星现象"(satellite phenomenon)。

思 考 题

一、名词解释
1. BCG 2. 传染性免疫 3. OT Test 4. OT 5. 抗酸杆菌 6. Much颗粒 7. 郭霍现象

二、问答题
1. 结核分枝杆菌胞壁中脂质含量高,这一特点有何意义?
2. 痰中查到抗酸杆菌有何意义?
3. 简述结核菌素试验的实际应用。
4. 试讨论结核分枝杆菌的致病与免疫特点。
5. 试述结核菌素试验的原理、方法、结果、意义和应用。
6. 简述结核菌素试验的原理及结果分析。

(欧 琴 朱明磊)

第五节 其他微生物检测

炭疽芽孢杆菌、放线菌、螺旋体、支原体、立克次体及衣原体等原核细胞型微生物,也是临床常见的感染病原。

一、其他微生物的形态观察

【实验目的】
熟悉炭疽芽孢杆菌、放线菌、螺旋体、肺炎支原体、立克次体及沙眼衣原体等原核细胞型微生物的形态特征。

【实验材料】
上述微生物标本片、光学显微镜、香柏油、擦镜纸等。

【实验方法及结果】
油镜下观察上述微生物的形态特征。

1. 炭疽芽孢杆菌　菌体两端平齐,单个存在或几个相连成短链,菌体相连处有清晰的间隙,如竹节状,菌体周围有透明荚膜,革兰染色阳性。
2. 放线菌的硫黄样颗粒(高倍镜观察)　颗粒成菊花状,中心部分由分枝的菌丝交织组成,革兰染色呈阳性,周围长丝排列呈放线状,大部分为革兰染色阴性。
3. 螺旋体(镀银染色)　钩端螺旋体呈棕褐色,螺旋盘绕紧密而规则,但分不清楚,一端或两端弯曲如钩状,常使菌体屈曲呈"C""S"等字形;梅毒螺旋体呈棕褐色,两端尖直,有8~14个呈锐角弯曲而规则的螺旋。
4. 肺炎支原体(吉姆萨染色)　淡紫色,呈高度多形性,常有球形、杆状、丝状、分支状、颗粒状等。
5. 立克次体(恙虫病立克次体,吉姆萨染色)　球杆状,呈紫色,散在于宿主单核细胞浆内,靠近细胞核旁边,或成堆排列。
6. 沙眼衣原体包涵体(吉姆萨染色)　呈深紫色,很致密,占据细胞质的大部分,呈帽型紧扣在细胞核上或稍有间隙。

二、其他微生物的培养特征

【实验目的】
了解炭疽芽孢杆菌、枯草芽孢杆菌和肺炎支原体的菌落特征。

【实验材料】
炭疽芽孢杆菌和枯草芽孢杆菌普通琼脂固体培养物、血琼脂固体培养物和半固体培养基培养物；肺炎支原体固体培养物。

【实验方法及结果】
1. 普通琼脂固体培养基上
(1) 炭疽芽孢杆菌：生成扁平灰白色、不透明、干燥、边缘不整齐的大菌落，用低倍镜观察可见菌落边缘呈卷发状。
(2) 枯草芽孢杆菌：形成扁平灰色、不透明、干燥、皱纹、边缘不整齐的大菌落。
2. 血琼脂固体培养基上
(1) 炭疽芽孢杆菌：菌落灰白，不透明，大而扁平，表面粗糙，边缘不整齐，菌落周围一般无溶血环。
(2) 枯草芽孢杆菌：菌落较大，灰白色，稍隆起，表面粗糙，边缘不整齐，菌落周围有明显的溶血环。
3. 半固体培养基中
(1) 炭疽芽孢杆菌：无鞭毛，不能运动，沿穿刺线生长。
(2) 枯草芽孢杆菌：有鞭毛，能运动，向穿刺线四周扩散生长。
4. 肺炎支原体固体培养基　低倍镜下观察，可见菌落中心较厚，如同蛋黄深入培养基中；周围薄薄一层颗粒区，形同蛋清，整个菌落呈荷包蛋状。

思 考 题

一、名词解释
1. 原体(EB)　2. 网状体(RB)　3. 性病淋巴肉芽肿(LGV)
二、问答题
试述衣原体的共性。

三、炭疽芽孢杆菌串珠实验

【实验目的】
了解串珠试验的原理、方法及意义。

【实验材料】
(1) 炭疽芽孢杆菌培养物。
(2) 肉汤培养基、青霉素、载玻片等。

【实验方法】
(1) 取炭疽芽孢杆菌新鲜培养物接种蛋白胨肉汤,37℃培养6 h左右,并振匀。
(2) 取一环肉汤培养物滴于含青霉素0.05~0.5 U/mL的载玻片上,混匀,把载玻片放平皿中,皿内放一小团湿棉球,盖上皿盖。
(3) 置37℃温箱作用1~4 h,取出载玻片,盖上盖玻片,用低倍或高倍镜检查。

【实验结果】
炭疽芽孢杆菌菌体肿胀为圆球形,并相连呈串珠状,为阳性反应。

【实验原理】
炭疽芽孢杆菌的幼龄培养物常呈链状排列,在含有低浓度青霉素(0.05~0.5 U/mL)的培养中,可以发生形态变异。由于细胞壁的合成被抑制,菌体内部渗透压高,菌体膨胀为圆球形,并相连呈串珠状,而其他需氧芽孢杆菌则不出现这种现象,具有较高的鉴别意义。

思 考 题

一、名词解释
1. 青霉素串珠试验 2. 保护性抗原(PA) 3. 水肿因子

二、问答题
1. 炭疽芽孢杆菌可通过哪些途径感染人体? 各引起何种临床类型的炭疽?
2. 为何炭疽芽孢杆菌可作为细菌武器?

四、放线菌属硫黄样颗粒检测

放线菌属为人体的正常菌群,可引起内源性感染,常见的有衣氏放线菌、牛氏放线菌、内氏放线菌和黏液放线菌等。对人致病较强的为衣氏放线菌,可通过检测标本中的硫黄样颗粒及培养等方法确诊放线菌感染。

【实验目的】
了解放线菌的硫黄样颗粒检测方法;熟悉硫黄样颗粒形态。

【实验材料】
患者局部病灶、窦腔、瘘管的脓汁、痰或活检组织。

【实验方法及结果】
取脓汁、痰、渗出液等标本置于平皿内,查找肉眼可见的硫磺样颗粒,颗粒质地较硬,直径为0.2~2 mm,呈黄色或褐色颗粒。星型诺卡放线菌亦有呈红色或黑色的色素颗粒。

1. 压片检查 取颗粒置于玻片上,加盖玻片轻轻压平,显微镜下可见放射状排列的菌丝,菌丝末端膨大呈棒状,形似菊花状。革兰染色,颗粒中央部呈阳性,周围长丝状,末端大部分阴性。组织切片用HE染色,中央呈紫色,末端膨大,大部分为红色。若无颗粒,涂片,革兰染色阳性呈分枝纤细丝状,则可能为放线菌。

2. 培养 取标本,接种至葡萄糖巯基乙酸盐培养基中,或划线法接种至脑心浸液血液琼脂平板上,37℃,5% CO_2,厌氧培养2~14 d。在葡萄糖巯基乙酸盐培养基中,菌在底部生长或绒毛样菌球。在脑心浸液血液琼脂平板上,18~48 h可呈小菌落,7~14 d长成大菌落,不溶血,可取培养物作形态学特征观察。

【实验原理】

患者感染放线菌后,在病灶组织和瘘管中流出的脓汁中,肉眼可见黄色小颗粒,称硫黄样颗粒,是放线菌在组织中形成的菌落,为放线菌感染的特征。

思 考 题

一、名词解释
1. 硫黄样颗粒 2. 足菌肿
二、问答题
1. 放线菌属中对人致病的主要是何菌?怎样诊断鉴别?
2. 星形诺卡菌与衣氏放线菌有何主要区别?

五、梅毒螺旋体 RPR 试验

【实验目的】

了解 RPR 试验的原理、方法及意义。

【实验材料】

(1) RPR 试剂盒,包括吸附碳颗粒的类脂质抗原、阳性对照血清、阴性对照血清和 RPR 卡片。

(2) 待检血清、毛细吸管。

【实验方法】

(1) 用3个毛细吸管取阳性血清、阴性血清和待检血清各1滴,分别加入卡片的圆圈内。

(2) 在上述血清中分别加1滴 RPR 抗原。

(3) 旋转摇动5 min 后观察结果。

【实验结果】

阳性对照在反应圈中可见明显的黑色碳颗粒凝集,而阴性对照为均匀浑浊,无黑色颗粒或絮片。待检血清如出现黑色碳颗粒为阳性,否则为阴性(图2-3)。

【实验原理】

在梅毒螺旋体感染的所有阶段,梅毒患者血清中会存在心磷脂抗体(又称反应素),它可以与生物组织中的某些脂类物质发生反应。临床上,用正常牛心肌的心脂质替代梅毒螺旋体作为抗原,测定患者血清中的反应素(抗脂质抗体)。快速血浆反应素试验(rapid plasma regain,RPR)所用抗原类脂质被吸附在碳颗粒上,与一滴待检血清在 RPR 卡片的圆圈中混合,如出现间接炭凝说明血清阳性。此法快速、简便,不需显微镜,适于梅毒初筛。

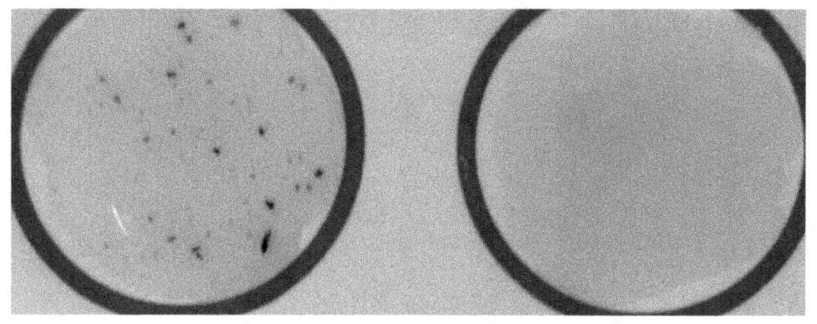

图 2-3 RPR 试验
左：阳性；右：阴性

思 考 题

一、名词解释
1. 螺旋体 2. 疏螺旋体 3. 莱姆病 4. 显微镜凝集试验 5. 梅毒螺旋体制动试验

二、问答题
1. 简述钩端螺旋体病的传播方式和钩端螺旋体的致病过程。
2. 简述梅毒螺旋体的致病性与免疫性特点。
3. 简述非螺旋体抗原试验的原理及临床应用价值。
4. 简述莱姆病螺旋体的致病特点。

六、解脲脲原体脲酶试验

【实验目的】
了解脲酶试验的原理、方法、结果判断及临床意义。

【实验材料】
(1) 含解脲脲原体的标本。
(2) 牛心浸液 74 mL、马血清 10 mL、10%(W/V)酵母浸液 5 mL、0.2%(W/V)酚红 1 mL、10%(W/V)尿素 10 mL、20 000 U 青霉素，pH 6.0±0.5，滤过除菌，装入无菌试管内，每管 5 mL。

【实验方法】
(1) 用无菌棉棒取生殖道分泌物。
(2) 将棉棒迅速放入上述装有培养基的试管内，盖上塞子。
(3) 95% N_2 和 10% CO_2 环境下，37℃培养 24～48 h 后，观察结果。

【实验结果】
培养基由黄色变为红色为阳性，颜色不发生改变为阴性。

【实验原理】
解脲脲原体又名溶脲脲原体，可分解尿素产生 NH_3 和 CO_2，在含酚红指示剂的尿素培养基中，由于产 NH_3，pH 上升使指示剂由黄变红。

> **思 考 题**
>
> 一、名词解释
> 1. 支原体 2. 解脲脲原体(UU) 3. 冷凝集试验
> 二、问答题
> 1. 请列表比较支原体与 L 型细菌的主要区别。
> 2. 肺炎支原体与解脲脲原体各能引起何种疾病？

七、外斐(weil-felix)反应

立克次体的微生物学检查主要是血清学检测和病原体的分离鉴定，后者易引起实验室污染，临床主要依据血清学方法辅助诊断立克次体病。目前应用的血清学诊断方法主要有两类：一类为立克次体特异性血清学反应，即利用特异性外膜蛋白抗原或者脂多糖抗原通过微量免疫荧光法(microimmunofluorescence，MIF)检测特异性抗体；另一类为非特异性血清反应，或称为外斐反应(weil-felix reaction)。

【实验目的】
了解外斐反应原理、方法及应用。

【实验材料】
(1) 斑疹伤寒患者血清。
(2) 变形杆菌 OX19 诊断菌液。
(3) 生理盐水、小试管、吸管、试管架等。

【实验方法】
(1) 取小试管 8 支，编号后排列于试管架上。
(2) 第 1 管加生理盐水 0.9 mL，其余各管每管均加 0.5 mL。
(3) 第 1 管加待检病人血清 0.1 mL，混匀后吸出 0.5 mL 加入第 2 管，吸吹混匀。
(4) 自第 2 管取 0.5 mL 加入第 3 管，依此稀释血清至第 7 管混匀，并吸出 0.5 mL 弃去(表 2-7)。
(5) 第 8 管不加血清，作为对照管。

表 2-7 具体操作步骤与方法

试剂\试管号	1	2	3	4	5	6	7	8
生理盐水(mL)	0.9	0.5	0.5	0.5	0.5	0.5	0.5	0.5
血清(mL)	0.1	0.5	0.5	0.5	0.5	0.5	0.5	弃去
诊断菌液(mL)	0.5	0.5	0.5	0.5	0.5	0.5	0.5	0.5
血清稀释度	1:20	1:40	1:80	1:160	1:320	1:640	1:1 280	对照
摇匀，置 37℃ 过夜									
结果								

（6）各管内均加入变形杆菌 OX19 诊断菌液 0.5 mL，自对照管加起，加完后充分摇匀。

（7）置 37℃ 水浴箱（或温箱）过夜，次日观察并记录结果。

【实验结果】

观察、记录结果方法同肥达反应。

血清的凝集效价是以血清最高稀释管能发生明显（"++"）凝集现象。单份血清凝集价超过 1∶160 时，有诊断意义，若双份血清测定，后次凝集价上升 4 倍以上，更有诊断价值。

【实验原理】

外斐反应的原理是由于某些变形杆菌菌株如 OX19、OX2、OXK 菌体的耐碱多糖部分与立克次体有共同抗原性成分，可与立克次体的特异性抗体发生交叉凝集反应。变形杆菌易于培养，在临床上可用变形杆菌菌株作为抗原与患者血清作凝集反应，作为某些立克次体病的辅助诊断。

思 考 题

一、名词解释

1. 立克次体　2. 外斐反应

二、问答题

1. 简述引起我国三种主要立克次体病病原体的传播媒介及所致疾病。
2. 立克次体有哪些共同特征？
3. 简述外斐反应的原理及意义。

（徐　祥）

第六节　真菌学实验

一、真菌形态结构观察

真菌（fungus）是一大类细胞核高度分化，有核膜和核仁，胞浆内有完整细胞器，细胞壁由几丁质、甘露聚糖、葡聚糖组成，不分根、茎、叶，不含叶绿素，包括单细胞和多细胞结构的真核细胞型微生物。真菌种类很多，分布极广，大多对人无害，只有少数真菌可以感染人体引起真菌病。真菌引起的疾病是多种多样的，以皮肤、毛发和指甲等浅部感染居多。近年来，真菌引起的深部感染日益引起临床关注。真菌的基本形态有单细胞和多细胞两种类型，前者细胞呈圆形或卵圆形，如新生隐球菌、白假丝酵母菌等；大多数真菌为多细胞，呈丝状，其结构由菌丝和孢子两部分组成，不同的菌种可出现不同形式的菌丝和孢子。

【实验目的】

掌握真菌的形态结构特征。

【实验材料】
(1) 新生隐球菌墨汁染色及白假丝酵母菌革兰染色标本片。
(2) 白假丝酵母菌、须癣毛菌、石膏样小孢子菌、曲霉和青霉等真菌小培养标本。

【实验方法】
取新生隐球菌墨汁染色及白假丝酵母菌革兰染色标本片、白假丝酵母菌、须癣毛菌、石膏样小孢子菌、曲霉及青霉小培养标本,置显微镜下观察,注意其形态及某些结构特征。

【实验结果】
1. 白假丝酵母菌　为革兰阳性的较大圆形菌体,可产生芽生孢子及假菌丝,出芽细胞呈卵圆形,比葡萄球菌大 2~5 倍(图 2-4A)。

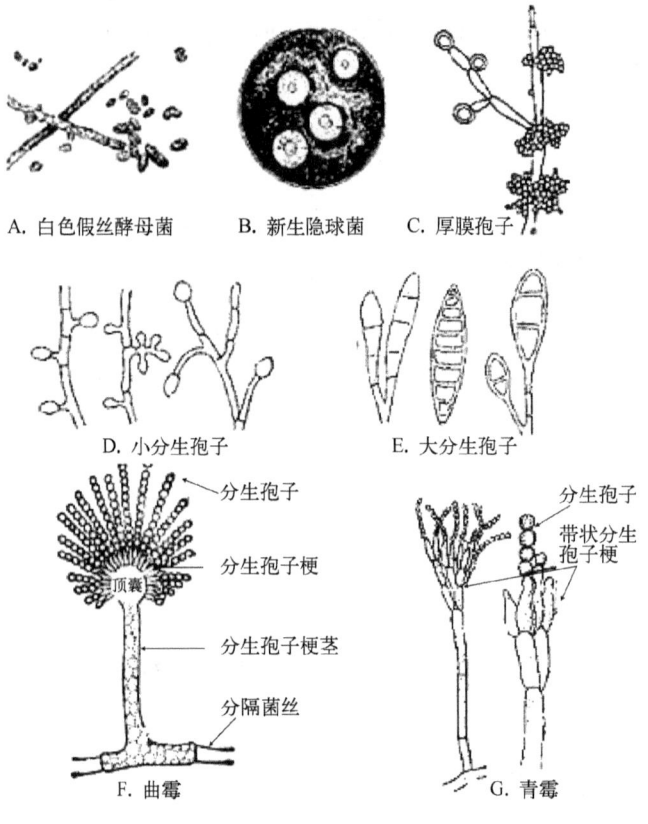

图 2-4　真菌的形态结构

2. 新生隐球菌　菌体为球形,壁厚,大小不等,菌体周围有宽厚、透明的荚膜带(图 2-4B)。

3. 白假丝酵母菌小培养标本　可见菌体呈卵圆形产生分枝的假菌丝,有厚膜孢子和芽生孢子(图 2-4C)。

4. 须癣毛菌小培养标本　可见小分生孢子群集于分枝菌丝末端呈葡萄状,亦有圆形小分生孢子位于菌丝的侧旁(图 2-4D)。

5. 石膏样小孢子菌小培养标本　可见梭形具有横隔的大分生孢子(图 2-4E)。

6. 曲霉小培养标本　可见分生孢子梗和顶囊上的分生孢子(图 2-4F)。

7. 青霉小培养标本　可见青霉的帚状分生孢子梗和分生孢子(图2-4G)。

二、真菌的培养特征

真菌对营养要求不高，常用的培养基包括沙氏葡萄糖琼脂培养基(Sabouraud dextrose agar，SDA)、马铃薯葡萄糖琼脂培养基(potato dextrose agar，PDA)、察氏培养基(Czapek-Dox agar，CDA)、脑心浸膏琼脂培养基(brain-heart infusion agar，BHI)等，并需要一定的温度与湿度。由于在不同培养基上真菌及其菌落形态有很大差异，故鉴定时以SDA培养基上的形态为准。

依据检验目的的不同，通常选择不同的培养方法如平皿、试管、玻片法等。平皿、试管法又名大培养，主要用于增殖、保存菌种、菌落观察等。玻片培养法又名小培养，主要用于观察真菌的形态结构，鉴别真菌。两种培养方法在真菌的培养鉴定中要结合使用，以提高真菌的检出率。真菌的大培养类似细菌的培养方法，现主要介绍一下真菌小培养方法。

真菌小培养的方法很多，如玻片琼脂法、悬滴培养法、郭氏钢圈法、回形针法等。

【实验目的】

了解真菌小培养方法及作用。

【实验材料】

(1) 白假丝酵母菌或毛霉菌。

(2) SDA培养基。

(3) 回形针，如图2-5用铁丝或曲别针制成。

图2-5　真菌的小培养

【实验方法】

(1) 将回形针置酒精灯加热灭菌，趁热蘸蜡固定于载玻片上。

(2) 于回形针中心部滴加预热融化的沙保培养基少许，待琼脂凝固后，将菌种接种在培养基上。

(3) 上覆盖玻片，用石蜡封固，置无菌平皿内37℃培养(平皿内放一浸有大量无菌水的棉球，使平皿内的空气保持充分的湿度)。

(4) 待生长后，用肉眼观察菌落特征，并可将玻片置显微镜下观察真菌生长发育及形态、结构特征。先用低倍镜观察，再用高倍镜仔细观察菌丝和孢子形态。

【实验结果】

接种真菌，培养数日至十数日后，可见菌落。依据菌落形态，真菌可分三大类：酵母菌落、酵母样(型)菌落及丝状菌落。

1. 酵母菌落(观察新生隐球菌培养物)　菌落为圆形、较白，边缘整齐表面光滑、湿润，假菌丝不伸入到培养基内，和表皮葡萄球菌菌落相似。

2. 酵母样(型)菌落(观察白假丝酵母菌)　表面和酵母菌落相似，但生成的假菌丝伸入培养基内。

3. 丝状菌落　观察各种皮肤丝状菌(dermatophyte)斜面培养物，菌落表面大都有气生菌丝(aerial mycelium)，肉眼观察呈绒毛状、粉状、棉花样等，故称丝状菌落，色泽多种多样,红色毛菌呈紫红色,铁锈色毛菌呈铁锈色或棕色等,菌落底层有营养菌丝(vegetative mycelium)伸入培养基内。

三、常见浅部感染真菌检测

浅部感染真菌是指寄生或腐生于角质蛋白组织[表皮角质层、毛发和指(趾)甲]的真菌,分为皮肤癣菌和角层癣菌。其中,皮肤癣菌可引起皮肤癣,是世界上感染最普遍的真菌病,以手足癣最常见。皮肤癣菌有3个属,即毛癣菌属、小孢子菌属和表皮癣菌属。临床诊断方法很多,主要有直接镜检和分离培养。

【实验目的】
掌握浅部感染真菌病临床标本直接镜检的方法。

【实验材料】
(1) 患者皮屑标本。
(2) 10% KOH 溶液,乳酸苯酚棉蓝染液。
(3) 载玻片、盖玻片、酒精灯、刀片等。

【实验方法】
1. 不染色标本的检查
(1) 用刀片取少量皮屑或病发放于载玻片上,滴加1~2滴10% KOH溶液。
(2) 加一盖玻片,将玻片放在酒精灯火焰上方微微加热,使组织或角质溶解,直到标本透明。但切勿过热以免产生气泡或烤干。
(3) 在盖玻片上轻轻加压,使溶解的组织分散,用滤纸吸去周围溢液。
(4) 先在低倍镜下观察有无菌丝或孢子,再以高倍镜检查菌丝或孢子的特征。镜检时用稍弱的光线使视野稍暗为宜。

2. 乳酸苯酚棉蓝染色法 取洁净玻片1块,滴加1滴染液,将皮屑标本放于染色液中,加上盖玻片(加热或不加热)后镜检。

【实验结果】
(1) 不染色标本片镜检时,阳性标本低倍镜下菌丝呈折光性较强、绿色纤维分枝丝状体;高倍镜下,菌丝呈分隔或呈节孢子,有时菌丝末端有较粗短的关节孢子(图2-6)。镜检找到菌丝或孢子时,可确立癣症的诊断,若需确定由何种真菌所致,则有待培养后鉴定。

(2) 乳酸酚棉蓝染色镜检时阳性标本可见被染成蓝色的真菌。

四、常见深部感染真菌检测

深部感染真菌是指侵袭人体深部组织和内脏以及能引起全身感染的真菌。多数能引起慢性肉芽肿样炎症、溃疡和坏死等病变,如新型隐球菌、组织胞浆菌等。近年来,由于广谱抗生素、激素等大量应用,条件致病性的假丝酵母菌病越来越多。

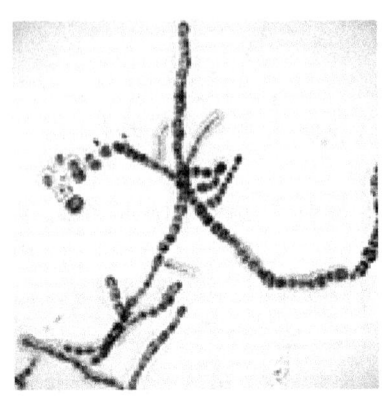

图2-6 真菌的小培养

（一）形态学检测

【实验目的】

掌握常见深部真菌形态学检测方法。

【实验材料】

(1) 新生隐球菌患者脑脊液标本、白假丝酵母菌培养物。

(2) 优质墨汁，革兰染液。

(3) 载玻片、盖玻片、酒精灯、接种环、生理盐水等。

【实验方法】

1. 新型隐球菌墨汁负染

(1) 将标本 4 000 r/min 离心 30 min。取上清液到另外一无菌试管内，留沉淀液混匀待检。

(2) 取洁净玻片 1 张，滴 1 滴菌液于玻片上，再滴 1 滴墨汁，用接种环混匀后覆盖玻片。

(3) 将玻片置显微镜下，先用低倍镜观察找到菌体，再用高倍镜仔细观察菌体及荚膜形态。

2. 白假丝酵母菌革兰染色

(1) 取一环生理盐水滴于一洁净载玻片上，然后取少许白假丝酵母菌培养物与生理盐水混匀，并涂开。自然干燥，火焰固定。

(2) 革兰染色（见第一章）。

(3) 高倍镜观察。

【实验结果】

(1) 在黑色的背景中，可见发亮的新生隐球菌，呈圆形，外周有一层宽厚荚膜，可见芽生孢子。

(2) 白假丝酵母菌呈革兰染色阳性（紫色），呈圆形或椭圆形，可见芽生孢子及假菌丝。

（二）真菌 β-(1-3)-D-葡聚糖检测

通过检测患者血液中真菌 β-(1-3)-D-葡聚糖水平及变化情况，提示深部真菌感染患者的疾病发展和预后。

【实验目的】

监测血液中真菌 β-(1-3)-D-葡聚糖含量，快速辅助诊断深部真菌感染。

【实验材料】

被检患者血清、微生物动态快速检测系统、真菌 β-(1-3)-D-葡聚糖检测试剂盒和微量加样器等。

【实验方法】

1. 标本处理　取静脉血 4 mL，进行 3 000 r/m 离心 15 min，取血清 0.1 mL 加入装有 0.9 mL 样品处理液中，混匀后 70℃ 孵育 10 min，取出后立刻放入冷却槽中冷却 5 min，即为待测血清样品。

2. 标本检测　取待测血清样品 0.2 mL 加入酶反应剂中溶解，移至 9 mm×65 mm 标准无热源平底试管中(不要产生气泡),插入 MB-80 微生物快速动态检测系统中检测血清中真菌 β-(1-3)-D-葡聚糖含量。

【实验结果】

正常情况下人体内,β-(1-3)-D-葡聚糖低于 60 pg/mL,是消化道存在的酵母共生体。60~100 pg/mL 为观察期,应连续检测。100 pg/mL 以上,预示深部真菌感染。

【实验原理】

大多数致病性真菌的细胞壁中含有 β-(1-3)-D-葡聚糖,β-(1-3)-D-葡聚糖能够激活鲎的阿米巴细胞溶胞物中的 G 因子,引起一系列的酶促反应,使反应主剂中的凝固酶原和显色寡肽等发生凝固蛋白原转变的级联反应,从而引起吸光度的变化,根据其变化对真菌 β-(1-3)-D-葡聚糖浓度进行定量。

思 考 题

一、名词解释
1. 真菌 2. 双相性真菌 3. 菌丝体 4. 孢子 5. 真菌中毒症 6. 分生孢子 7. 类酵母型菌落 8. 着色真菌病

二、问答题
1. 请列表比较真菌孢子与细菌芽孢的区别。
2. 简述真菌性疾病的几种形式。
3. 皮肤癣菌为何能引起皮肤癣病?对皮肤癣病患者如何进行微生物学诊断?
4. 简述白色念珠菌感染的微生物检查方法及结果分析应注意的问题。
5. 简述两种常见的能引起深部感染的条件致病性单细胞真菌的致病性。

(徐 祥)

第七节 病 毒

病毒性疾病在人类疾病中占有十分重要的地位,SARS 的流行也说明了这一点。病毒感染的诊断在疾病的预防上可了解流行病学情况、疫苗的免疫效果以及采取及时的免疫措施及必要的隔离和防护。目前病毒实验室诊断常用的实验方法有:病毒分离、电子显微镜直接检查、检查病毒的抗原成分(免疫荧光染色、凝集试验、ELISA 等)、病毒血清学诊断(中和试验、补体结合试验、血凝抑制试验、ELISA 等)及基因诊断。每种诊断方法各有其优缺点,但许多临床医院大多采用血清学检测或检测病毒的抗原成分。

一、病毒的鸡胚培养

病毒必须在活细胞内才能增殖,应根据病毒的不同,选用动物接种、鸡胚接种、组织培养等方法。组织培养法有器官培养、移植培养、细胞培养。细胞培养最常用于培养病毒，根据细胞的来源、染色体特征及传代次数又可分为原代培养、二倍体培养、传代培养等。

鸡胚培养为常用的病毒培养法之一，操作简便，管理容易，本身带病毒的情况少见。对某些呼吸道病毒如正黏病毒、副黏病毒、痘类病毒、疱疹病毒和某些脑炎病毒很敏感，可用来从患者样品中分离上述病毒。实验室常用的鸡胚接种法有尿囊接种、绒毛尿囊膜接种、卵黄囊接种及羊膜腔接种，按各类病毒在鸡胚中的适宜生长部位选用适当方法接种。

【实验目的】
了解各种鸡胚培养法。

【实验材料】
(1) 来亨鸡受精卵、卵架、检卵灯。
(2) 流感病毒液、乙型脑炎病毒液、单纯疱疹病毒液。
(3) 碘酒、消毒棉球、灭菌的手术刀、镊子、剪刀、1 mL 注射器及针头、石蜡、透明胶纸。

【实验方法及结果】
(一) 尿囊腔接种法
(1) 取孵育 10～12 日龄鸡胚，在检卵灯下标出气室界线，于胚胎附近无大血管处画出标记作为注射入口。
(2) 将卵置卵架上，消毒标记处，用无菌剪刀尖在标记处打一小孔。
(3) 用灭菌注射器吸取流感病毒液 0.2 mL，由小孔刺入 0.5 cm 后，进行注射(图 2-7)。
(4) 注射后，用加热熔化的石蜡封孔，置 35℃温箱孵育。
(5) 每日在灯下检视鸡胚情况(若鸡胚在接种后 24 h 内死亡为非特异性死亡，应弃

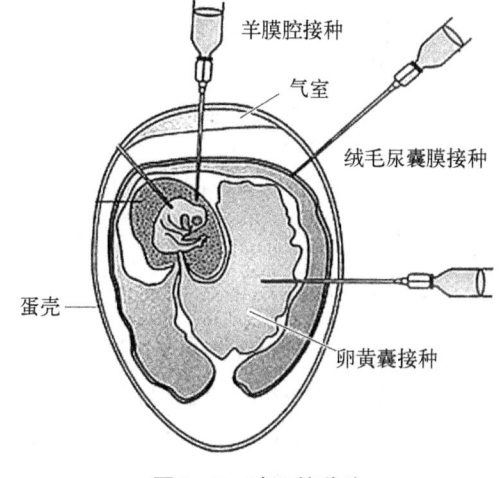

图 2-7　鸡胚接种法

之)。孵育 3 d 后取出，放 4℃冰箱过夜。次日取出鸡胚，消毒气室端卵壳，用无菌剪刀击破气室端卵壳，用小镊子在无大血管处撕破卵膜，以无菌毛细管吸取尿囊液，放入无菌试管中待做血细胞凝集试验、病毒鉴定及进行传代培养。

(二) 绒毛尿囊膜接种法
(1) 取 10～12 日龄鸡胚，于检卵灯下标记胎位，在附近无大血管处及气室端碘酒消毒。
(2) 用小锯片在标记处卵壳上锯一三角形，同时于气室端用刀尖锥一小孔。
(3) 用针头挑去三角形之卵壳，勿伤及卵壳膜，滴加灭菌生理盐水一滴于壳膜上。
(4) 用橡皮乳头从气室小孔吸气，可见盐水被吸下，绒毛膜下沉，去壳膜后可见人工气室已形成。
(5) 以注射器吸取 0.2～0.5 mL 单纯疱疹病毒液滴于绒毛尿囊膜上(图 2-7)，无菌透明胶纸封口，37℃孵育。

(6) 孵育2日后,一旦发现鸡胚活动减弱,血管昏暗模糊处于濒死状态,即取出放4℃冰箱;如不死亡,经4~5 d再放入冰箱过夜后取出。消毒卵壳,除去透明胶纸,扩大气窗。观察绒毛尿囊膜上出现白色斑点,为病毒在绒毛尿囊膜细胞中生长所形成的病变。剪下有病变的绒毛尿囊膜,经固定后,可长期保存。

(三) 卵黄囊接种法

(1) 取6~8日龄鸡胚,检卵灯下标出胎位和气室,垂直放于卵架上,气室端向上。

(2) 碘酒消毒气室中央,以无菌剪刀尖锥一小孔。

(3) 以1 mL注射器及12号针头吸取乙型脑炎病毒液0.5 mL,自小孔穿入垂直接种于卵黄囊内(图2-7),深度为3 cm左右。注入标本0.2~0.5 mL,退出注射器。以胶纸封口,37℃孵育,每天检卵并翻动2次。

(4) 取孵育24 h以上濒死的鸡胚,于无菌气室端开窗,用镊子提起卵黄蒂,挤去卵黄液,用无菌生理盐水洗去卵黄囊上的卵黄液后将卵黄囊置于无菌平皿内,低温保存、备用。

(四) 羊水囊接种法

(1) 取12日龄鸡胚,检卵灯标出气室及胚胎位置。

(2) 在气室端开方形天窗,紧握无菌镊子,选无大血管处,快速穿刺绒毛尿囊膜,镊子头进入尿囊后,再夹起羊膜,轻轻将其自绒毛尿囊膜破裂处拉出,以1 mL注射器穿破羊膜(图2-7),注入病毒液0.1~0.2 mL,用镊子将羊膜轻轻送回原位,用无菌透明胶纸封闭气室端天窗,37℃孵育。

(3) 培养3~5 d后,消毒人工气室,剪去壳膜及绒毛尿囊膜,吸弃尿囊液,夹起羊膜,用细头毛细吸管穿入羊膜吸取羊水于小瓶中冷藏。

二、病毒的组织培养

组织培养法是目前培养病毒应用最广的方法,经济适用,结果正确敏感,较实验动物易控制和管理。组织培养法是用离体的活组织或细胞来培养病毒,组织来源多种多样,如各种动物组织、鸡胚组织、人胚羊膜组织或人胚组织等。实验室常用的细胞有原代细胞如鸡胚单层细胞、人胚肾及猴肾细胞;传代细胞如Hela细胞及二倍体细胞等。

【实验目的】

了解不同组织培养法。

(一) 原代细胞培养法

【实验材料】

(1) 健康小兔(15~20日龄)。

(2) Hank液、胰蛋白酶(0.5%)、生长液、维持液、5% $NaHCO_3$、抗生素(青霉素及链霉素)。

(3) 平皿、三角烧杯、培养瓶、吸管等(均须经洗涤液浸泡洗涤,蒸馏水冲洗、高压灭菌后使用)。

【实验方法】

1. 制备肾组织块

(1) 猛击头部或用无菌注射器经耳静脉注入气体处死小兔,无菌取出肾脏放灭菌平皿中。

(2) 用加有抗生素的 Hank 液洗涤后,用眼科镊子剥去肾包膜,用剪刀取肾脏表面皮质部分,并将其剪成 1~1.5 mm³ 的小块。

(3) 再用 Hank 液洗涤数次至溶液透明为止,将组织块移入三角烧瓶中。

2. 消化　有冷消化和温消化(37℃)两种方法,本实验应用冷消化法。

(1) 将 0.5% 胰蛋白酶与等量的 Hank 液混合,使胰蛋白酶浓度为 0.25%。

(2) 向装组织块的三角烧瓶中加入 0.25% 胰蛋白酶 25~30 mL(根据组织块多少可适当调整胰蛋白酶浓度及用量)。

(3) 放 4℃ 冰箱消化过夜。

(4) 离心弃去 0.25% 胰蛋白酶。

3. 分散细胞

(1) 取适量生长液(20~30 mL)加入已消化的组织块的瓶内。

(2) 用 10 mL 吸管反复吹打组织块,使细胞分散。

(3) 吹打后,待余下的大组织块自然沉淀后(或用双层纱布过滤),吸出上层细胞,悬液放于另一瓶中。

4. 计数细胞

(1) 吸出 0.5 mL 细胞悬液,加入 0.1% 结晶紫枸橼酸溶液 1 mL,置室温 3~5 min。

(2) 用吸管取上述悬液,滴入血球计数盘内,按白细胞计数法计数四角四大格内细胞总数(仅计算有细胞质和胞核完整的细胞),按以下公式算出每毫升(mL)的细胞数。

$$\text{细胞数/mL} = \frac{\text{4 大格完整细胞总数}}{4} \times 10\,000 \times \text{稀释倍数}$$

(二) HeLa 细胞传代培养法

HeLa 细胞是 Gey 由宫颈癌患者 HeLa 的癌组织中分离的一株能长期在体外传代培养的上皮细胞。因能无限地进行传代,故可供实验室长期进行各种实验使用。

【实验材料】

(1) HeLa 细胞。

(2) Hank 液,1% 胰蛋白酶(或 0.02% EDTA、胰酶-EDTA 消化液),细胞生长液(Eagle 液或 RPMI-1640 液)。

(3) 小三角瓶、培养瓶、无菌吸液管(5 mL、1 mL)、毛细滴管等。

【实验方法】

(1) 选生长良好的 HeLa 细胞 1 瓶,轻轻摇动培养瓶数次,悬浮起浮在细胞表面的碎片,连同生长液一起倒入小三角烧瓶(废液瓶)内,用 Hank 液洗涤 1 次。

(2) 从无细胞面侧加入 0.25% 胰蛋白酶或 0.02% EDTA,或胰蛋白酶-EDTA(1% 胰酶 5 mL、1% EDTA 2 mL、PBS 93 mL,pH 7.2)消化液 4~5 mL,翻转培养瓶,使消化液浸没细胞 1 min 左右,再翻转培养瓶使细胞层在上,放置 5~10 min,至肉眼观察细胞面出现布纹状网孔为止。

(3) 沿细胞面加入适量生长液,洗下细胞,并用吸管吹打数次(将生长液吸入吸管内,将吸管口对准瓶底或瓶壁用力吹出管内液体,吹打贴壁细胞,并使其细胞脱落分散)使其成为细胞悬液,视其细胞数量,按1转2份或3份分装培养瓶,原瓶可保留使用。

(4) 置37℃孵箱静止培养,接种后30 min左右可贴壁,48 h可换生长液,一般3~4 d可形成单层。形成单层细胞后,换维持液供感染病毒等试验用。

三、空(蚀)斑形成试验

蚀斑形成试验(plaque forming assay)是目前测定病毒感染性最精确的方法。将适当浓度的病毒悬液加入致密的单层细胞培养瓶中,使病毒吸附,再覆盖一层融化的琼脂,病毒在细胞内复制后,可产生一个局限的感染灶,即蚀斑。用中性红染活细胞,可见未染上颜色的空斑。蚀斑是由一个感染性病毒体复制产生的,类似细菌的菌落,称为蚀斑形成单位(plaque forming unit,PFU),以每毫升能形成的蚀斑形成单位来表示,即PFU/mL。

【实验材料】
(1) 待测病毒液。
(2) HeLa细胞。
(3) 2% FCS MEM或RPMI-640维持液、Hank液和1.5%覆盖琼脂。
(4) 玻璃培养瓶(皿)、吸管、试管等。

【实验方法】
(1) 将待测病毒用维持液作10倍系列稀释。
(2) 将经24 h培养生长良好的单层细胞培养瓶(皿)内的生长液倒掉,用Hank液洗涤细胞3次。
(3) 取不同稀释度的病毒液0.5 mL,分别接种于细胞培养瓶(皿)内,轻轻摇匀,每个稀释度至少接种2瓶,同时做正常细胞对照。
(4) 放37℃温箱吸附1 h,每15 min摇动一次。
(5) 弃去病毒液,将已融化的42℃左右琼脂5 mL覆盖于各瓶(皿)内,待琼脂凝固后,将琼脂层向上,置37℃避光培养3~5 d,逐日观察结果。

【实验结果】
由于覆盖琼脂内含有中性红,在红色背景上可见无色的蚀斑。选择蚀斑不融合、分散呈单个、数目在30~100个/瓶(皿),分别计算蚀斑数,再求平均值,并按以下公式计算:

$$蚀斑形成单位(PFU/mL) = \frac{每瓶内蚀斑平均数 \times 病毒稀释度}{每瓶接种病毒量(mL)}$$

四、流感病毒的血凝试验

【实验目的】
掌握血凝试验的原理,熟悉其实验方法及临床意义。

【实验材料】
(1) 已接种流感病毒的鸡胚。

(2) 鸡红细胞悬液(0.5%)。

(3) 生理盐水。

(4) 吸管、小试管等。

【实验方法】

(1) 取 10 支小试管在试管架上排成一排,按表 2-8 各管加入生理盐水,第 1 管为 0.45 mL,其他各管均为 0.25 mL。

(2) 用镊子击破感染的鸡胚气室端卵壳,撕去壳膜,在无大血管处穿破绒毛尿囊膜以无菌乳头吸管吸取尿液;如以羊水囊接种法分离病毒时,则小心刺破羊水囊,用吸管取羊水,放入无菌试管内,待检测。

(3) 取上述收集的病毒液 0.05 mL 加入第 1 管作 1:10 稀释,混匀后吸取 0.25 mL 加入第 2 管混匀,依次作倍比稀释至第 9 管,混匀后自第 9 管吸出 0.25 mL 弃掉。第 10 管为盐水对照。

(4) 稀释完毕后每管加入 0.25 mL 0.5% 的鸡红细胞悬液。摇匀,置室温 30~60 min (注意不要摇动试管)。具体操作方法参见表 2-8。

表 2-8 流感病毒血凝试验

试 管	1	2	3	4	5	6	7	8	9	10
生理盐水	0.45	0.25	0.25	0.25	0.25	0.25	0.25	0.25	0.25	0.25
病毒液	0.05	0.25	0.25	0.25	0.25	0.25	0.25	0.25	0.25	弃去
	每管混匀后,吸出 0.25 ml 移入下管中,第 9 管吸出 0.25 ml 弃掉									
稀释倍数	10	20	40	80	160	320	640	1 280	2 560	对照
0.5%鸡红细胞悬液	0.25	0.25	0.25	0.25	0.25	0.25	0.25	0.25	0.25	0.25
结果举例	++++	++++	++++	+++	++	++	+	-	-	-

【实验结果】

(1) 首先观察对照管,红细胞应无凝集。

(2) 观察实验管,各管出现的红细胞凝集程度以++++、+++、++、+、-表示,判定标准如下:

++++:全部红细胞凝集,凝集的红细胞铺满管底,边缘不整齐。

+++:大部分红细胞凝集,在管底铺成薄膜状,但尚有少数红细胞不凝,在管底中心形成小红点。

++:约有半数红细胞凝集,在管底铺成薄膜,面积较小,不凝集的红细胞在管底中心聚集成小圆点。

+:只有少数红细胞凝集,不凝集的红细胞在管底中心聚成小圆盘状,凝集的红细胞在此小圆盘周围。

-:不凝集,红细胞沉于管底,成一致密圆盘,边缘整齐。

凝集效价:能使红细胞呈++凝集的病毒最高稀释度为凝集效价,表示含有一个单位血凝抗原。如上述第 5 管为++,则该病毒悬液效价为 1:160,即病毒稀释到 1:160

时，每 0.25 mL 中含 1 个血凝单位。配制 4 个血凝单位时，病毒液应稀释成 1∶160/4，即 1∶40。

【实验原理】

根据各种病毒的性质不同及接种于鸡胚的部位不同，应采用不同的观察指标检测病毒的增殖情况。流感病毒颗粒表面有血凝素，具有使鸡、豚鼠血红细胞凝聚的能力。把一定浓度的鸡红细胞加到待检的鸡胚尿液或羊水中，如出现血细胞凝聚现象，即表示有病毒存在，这种试验叫作血红细胞凝集试验，简称血凝试验。

五、血细胞凝集抑制试验

【实验目的】

掌握血凝抑制试验的原理，熟悉其实验方法及临床意义。

【实验材料】

(1) 流感病毒感染的鸡胚尿液(4 U/0.25 mL)。
(2) 患者血清。
(3) 0.5%鸡红细胞悬液。
(4) 生理盐水。
(5) 吸管、小试管等。

【实验方法】

(1) 排列小试管 10 支于试管架上。
(2) 按表 2-9 顺序等倍稀释诊断血清，将第 1 管的 10 倍稀释血清 0.25 mL 移至第 10 管作为血清对照，同时再从第 1 管弃掉 0.25 mL，使管内血清量与其他管一致。
(3) 稀释完后，除第 10 管外，每管加入流感病毒 0.25 mL，摇匀。
(4) 向各管加入 0.5%鸡红细胞悬液各 0.25 mL。
(5) 摇匀后置室温 30~60 min 后观察结果。具体操作方法参见表 2-9。

表 2-9 流感病毒血凝抑制试验

试管	1	2	3	4	5	6	7	8	9	10
生理盐水 病人血清	0.9 0.1	0.25 0.25	0.25 0.25	0.25 0.25	0.25 0.25	0.25 0.25	0.25 0.25	0.25 0.25	0.25 弃去	0.25 0.25(10×)
每管混匀后，吸出 0.25 ml 移入下管中，第 8 管吸出 0.25 ml 弃掉									
血清稀释倍数	10	20	40	80	160	320	640	1 280	病毒对照	血清对照
流感病毒	0.25	0.25	0.25	0.25	0.25	0.25	0.25	0.25	0.25	—
0.5%鸡红细胞悬液	0.25	0.25	0.25	0.25	0.25	0.25	0.25	0.25	0.25	0.25
结果举例	—	—	—	—	—	++	++++	++++	++++	—

【实验结果】

判定各管血细胞凝集的情况，方法与流感病毒血凝试验相同。

血凝抑制效价：完全抑制血细胞凝集的血清最高稀释度即为该血清的血凝抑制效价。如完全抑制到第 5 管，则效价为 1∶160。

鉴定病毒时,效价应与原免疫血清效价相等或相似。血凝抑制试验亦可用已知病毒抗原,测定患者血清抗体以进行血清学诊断,恢复期比初期抗体效价增高 4 倍以上才有诊断意义。

【实验原理】

血凝抑制试验是在加鸡红细胞前先加病毒相应的抗血清,然后加红细胞,病毒的血凝性可被免疫血清中的特异性抗体所抑制,此试验称血凝抑制试验。由于该试验中所用抗体为已知病毒的抗血清,故可鉴定病毒型及亚型。常用于流感病毒等黏病毒或副黏病毒的鉴定。

思 考 题

一、名词解释

1. 血凝素(HA)　2. 神经氨酸酶(NA)　3. 抗原漂移　4. 抗原转变　5. SARS　6. SARS Cov

二、问答题

1. 甲型流感病毒为何容易引起大流行？
2. 简述甲型流感病毒的复制过程。

六、胶体金标记抗体一步法检测 HBsAg

【实验目的】

了解胶体金标记抗体一步法检测 HBsAg 的原理、检测方法及临床意义。

【实验材料】

检测条、待检血清、EP 管等。

【实验方法】

(1) 取检测条(图 2-8),让检测条及标本恢复至室温,辨明检测区和对照区。

(2) 取血清样品 0.2 mL 加入 EP 管内,将检测条白色末端垂直插入待检血清中,浸入深度不可超过"MAX"线。

(3) 20 min 之内判断结果。

【实验结果】

1. 阳性　出现两条红色的带。
2. 阴性　只在对照区产生一条红色条带。
3. 无效　对照区未出现红色带则说明检测条失效。
4. 检测结果　应结合临床,由医生确诊。

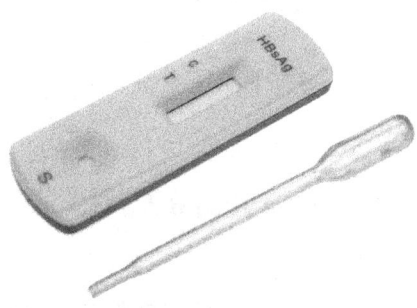

图 2-8　胶体金检测 HBsAg 检测条

【实验原理】

乙肝表面抗原(HBsAg)快速检测条是以快速免疫层析法定性检测乙肝患者血浆中

的 HBsAg。它利用针对 HBsAg 不同决定簇的两种单克隆抗体固定在试纸条的不同部位，一种被标记，另外一种没被标记。当检测条插入血清/血浆标本时（不能超过 MAX 线），如标本中含有相应的待测物质，则抗原和标记的抗体复合物在毛细效应下向上层析，在测试区内（T）出现一条红色条带（固定有 HBsAg 的抗体），未被结合的反应物被固定在对照区（C），产生另一条肉眼可见的红色条带，表明检测结果阳性。如标本中不含有相应的待测物质，则测试区内（T）将没有红色条带，只有对照区（固定有抗抗体）有一条红色条带，则是阴性结果。无论相应的待测物质是否存在于标本中，一条红色条带都会出现在对照区（C）。对照区内（C）所显现的红色条带是判定是否有足够标本、层析过程是否正常的标准，同时也作为试剂的内控标准。

思 考 题

一、名词解释

1. Dane 颗粒 2. 小球形颗粒 3. 管形颗粒 4. HBsAg 5. HBcAg
6. HBeAg 7. Pre-S 蛋白 8. HBV 前基因组 9. δ 因子 10. 嗜肝 DNA 病毒

二、问答题

1. 目前公认的人类肝炎病毒有哪些？根据其传播途径可分为几类？
2. 简述甲肝病毒的形态结构。
3. 简述甲型肝炎的传染源及传播途径。
4. 简述易感者感染甲型肝炎病毒后的免疫特点。
5. 简述乙型肝炎病毒的形态结构。
6. 简述乙型肝炎病毒的基因组及其功能。
7. 简述乙型肝炎病毒抗原抗体系统检测的临床意义及用途。
8. 结合 HBV 的传播途径谈怎样预防 HBV 的感染。
9. 简述 HBV 的致病机制。
10. 比较甲型肝炎和戊型肝炎的预防策略与措施。
11. 简要说明乙型肝炎、丁型肝炎与丙型肝炎的预防策略和措施。

七、ELISA 检测 HIV 抗体

【实验目的】

了解 HIV 抗体筛选试验的原理及临床意义。

【实验材料】

1. HIV 检测试剂盒

(1) HIV-1/2 抗原包被的反应板。

(2) 洗涤液：0.05 mol/L（pH 7.2）PBS 加 0.05% Tween-20。

(3) 样品稀释液：洗涤液加 5% 小牛血清。

(4) HRP-兔抗人 IgG 及其稀释液（洗涤液加 1% 小牛血清）。

(5) 底物：邻苯二胺（OPD），现配现用。

2. **血清** 待检血清、阳性血清、阴性血清。

【实验方法】

(1) 用 pH 9.6 的 Na_2CO_3-$NaHCO_3$ 包被液将 HIV 抗原稀释成 1 μg/mL，在酶标反应板中每孔加 100 μL。置湿盒中 4℃过夜，次日洗 6 次。

(2) 用样品稀释液将待检血清（或血浆）作 1:100 倍稀释，每孔加 100 μL。每块酶标反应板应同时加 2 个 HIV 抗体阳性对照和 3 个阴性对照，稀释方法相同。37℃保温 30 min 后洗 6 次。

(3) 加 HRP-兔抗人 IgG 酶标抗体（1:1 000 倍稀释），每孔加 100 μL，37℃保温 25 min 后洗 6 次。

(4) 加底物（OPD-H_2O_2）溶液 100 μL，然后用 2 mol/L H_2SO_4 终止反应，测定 492 nm 处吸光度（OD 值）。

【实验结果】

按试剂盒说明书判断：

(1) 阳性对照 OD 值应≥0.9，阴性对照 OD 值应≤0.1。临界值计算：阴性对照平均 OD 值+0.15（若阴性对照平均值小于 0.05，按 0.05 计算）。标本 OD 值≤临界值为阴性。标本 OD 值>临界值为阳性。

(2) 若测试结果的阳性对照 OD 值减去阴性对照 OD 值小于 0.80，该测试无效，须重做。

(3) 凡待测样品被 ELISA 法判为阳性，必须重新取样，双孔重复检测 1 次，若重复测定后仍为阳性，则此份样品应视为 HIV-1/2 抗体 ELISA 法检测阳性。筛选试验的结果可根据表 2-10 的情况具体判定。

表 2-10 筛选试验的结果判定

检测次数	检 测 结 果			
第 1 次	−	+	+	+
第 2 次		+	−	−
第 3 次			−	+
判 断	−	+	−	+

【实验原理】

采用基因工程或人工合成多肽抗原包被反应板。当待检标本中有 HIV IgG 抗体时，该抗体被固相化抗原结合于反应板上，最后用酶标抗人 IgG 与结合在抗原上的 IgG 抗体结合，然后用底物显色。该试验为间接 ELISA 法。

思 考 题

一、名词解释

1. 反转录病毒 2. 反转录酶 3. LTR 4. 前病毒 5. AIDS 6. gp120

二、问答题
1. 简述反转录病毒的共同特征。
2. 简述反转录病毒的分类。
3. 与人类疾病有关的反转录病毒有哪些? 各引起何种疾病?
4. 简述 HIV 的形态结构。
5. 简述 HIV 的复制过程。
6. 简述 AIDS 的临床特点。
7. HIV 感染的常用临床检测方法有哪些?
8. 怎样有效预防 AIDS?

(徐 祥)

第三章

综合型实验

综合型实验的目的是依据基本理论的前提下,培养学生利用基本技术、基本技能系统性检测微生物学标本的能力,为其参与或开展科学研究打下坚实的基础。

一、脓汁标本病原微生物的分离鉴定

化脓性感染在临床患者中常见,通常由化脓性细菌侵入机体组织、器官所导致。化脓性感染常见部位:① 皮肤脓肿、疖、痈、蜂窝织炎、皮肤溃疡、压疮等,创伤、烧伤或动物咬伤能诱发皮肤化脓性感染。② 深部脓肿可发生于内脏器官、腹腔、盆腔、脏器周围组织、大脑等。

常见引起化脓性感染的病原菌可分为两大类。

1. **内源性** 感染源是炎症局部周围器官中正常菌群(进入无菌状态的组织内发生感染)。

2. **外源性** 感染源是存在于人体外部自然界的微生物,由于外伤和直接接触,外界微生物通过人体表面进入人体造成感染。

脓汁分泌物中可能存在的微生物以细菌最为多见,也可见真菌的感染,常见的病原菌见表3-1。

表3-1 脓汁中可能存在的病原微生物

细菌		真菌及其他病原体
革兰阳性菌	革兰阴性菌	
葡萄球菌	肠杆菌科细菌	酵母菌
链球菌	假单胞菌	孢子丝菌
消化链球菌	拟杆菌	粗球孢子菌
炭疽芽孢杆菌	梭杆菌	皮炎芽生菌
破伤风芽孢杆菌	嗜血杆菌	烟曲菌
产气荚膜梭菌	产气杆菌	疱疹病毒
溃疡棒状杆菌	无色杆菌	
结核分枝杆菌	弧菌属细菌	
放线菌、奴卡菌	气单胞菌	

【实验目的】

(1) 了解脓汁标本采集及处理方法。

(2) 熟悉脓汁标本的微生物分离鉴定程序。

【实验材料】
(1) 待检脓汁标本。
(2) 血琼脂平板培养基、巧克力平板等。
(3) 革兰染色液、抗酸染色液。
(4) 酒精灯、载玻片、接种环等。

【实验方法】

1. 标本采集
(1) 开放性脓肿和脓性分泌物：用无菌棉棒(拭子)采取脓汁及病灶分泌物。
(2) 深部脓肿：先用碘酒及酒精棉球消毒患部皮肤，然后再以无菌棉拭子采取溃疡深处的分泌物。如怀疑有厌氧菌，最好用注射器抽取脓汁立即送检。
(3) 封闭性脓肿：先用碘酒及酒精棉球消毒患部皮肤或黏膜表面，然后用无菌干燥注射器穿刺抽取脓汁，及时送检。
(4) 放线菌标本：常用无菌棉拭子挤压瘘管，选取流出脓液中的硫磺样颗粒盛于无菌试管内送检。

2. 检测程序　具体程序见图3-1。

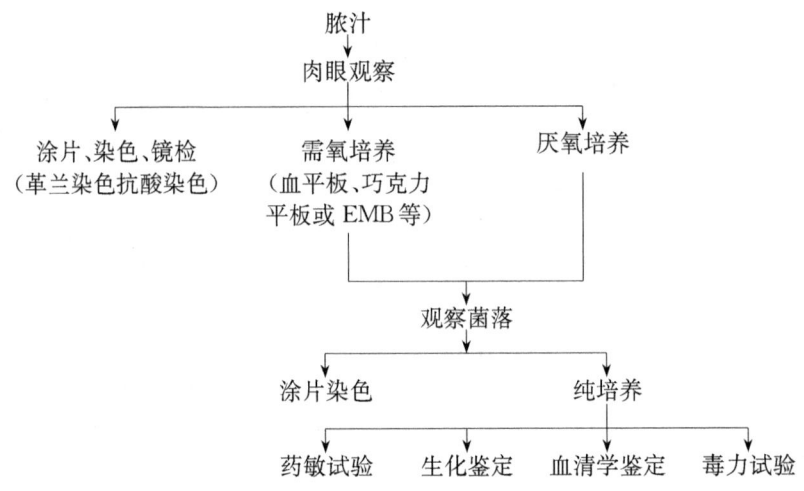

图3-1　脓汁标本病原微生物分离及鉴定程序

3. 检测方法
(1) 肉眼观察：观察脓汁性状、色调、有无恶臭气味等，如脓汁带绿色时，可能有铜绿假单胞菌的感染，如有恶臭气味可能有厌氧菌感染。
(2) 涂片镜检：采集的标本首先进行涂片、革兰染色镜检，观察病原体的形态、排列和染色性。疑为结核分枝杆菌应作抗酸染色镜检。
(3) 分离培养：根据标本采集的部位、性状(如有无色素、是否含血、有无硫磺样颗粒或是否有恶臭等)选择适宜的培养基和培养条件。一般培养，多选用血平板、巧克力平板或伊红美蓝平板等；对封闭性脓肿、深部感染等标本应考虑作厌氧培养；怀疑为结核分枝杆菌感染时应用罗氏培养基进行需氧培养。根据分离培养获得的菌落特征，再经纯培养后作药敏试验及生化反应、血清学鉴定和毒力试验等。

若直接涂片镜检发现细菌,而分离培养又无细菌生长,此时应考虑:患者接受药物治疗;可能为厌氧菌;标本未及时接种或培养基选择不当。

(4) 病原鉴定:根据培养特征及涂片镜检结果选择适当的生化反应、血清学试验及毒力试验等。

1) 初判为葡萄球菌,需做甘露醇发酵试验、血浆凝固酶试验,以判断是否为金黄色葡萄球菌。注意与链球菌鉴别(见葡萄球菌章节)。

2) 怀疑为链球菌时,根据溶血环的特征决定甲、乙、丙三型,疑为甲型链球菌应与肺炎链球菌鉴别(见链球菌章节)。

3) 疑为肺炎链球菌时,应做荚膜肿胀试验,并做菊糖发酵和胆汁溶菌试验。

4) 疑为脑膜炎球菌时,应做葡萄糖、麦芽糖、蔗糖发酵试验,氧化酶试验及血清学鉴定。

5) 初步认为是革兰阴性杆菌时,做肠道杆菌的鉴定主要依靠生化反应和血清学反应。而准确的生化反应,往往可作出初步的鉴定。

6) 疑为厌氧菌时,应选择适当的培养基做厌氧培养。

4. **临床意义** 引起皮肤化脓性感染的病原菌以化脓性球菌为主。腹腔或内脏脓肿则多为厌氧菌感染所致,放线菌属或诺卡菌属则是引起"硫黄样颗粒"组织病变和瘘管的重要病原体,免疫功能低下、拔牙、口腔黏膜损伤等情况下出现的内源性感染也与此类病原体相关。外源性伤口感染一般由葡萄球菌和链球菌引起,而当伤口接触土壤、植物或水等物体时,尚可由其他多种微生物引起,如大肠杆菌、克雷伯杆菌、肠杆菌属、变形杆菌属、沙雷菌属和假单胞菌属等。常见导致烧伤皮肤感染的病原菌是铜绿假单胞菌,葡萄球菌与铜绿假单胞菌的混合感染也较常见。

> **思 考 题**
>
> 1. 脓汁中常见有哪些病原微生物?
> 2. 如果给你一份脓汁标本,里面混有金黄色葡萄球菌和化脓性链球菌,你怎样将它们鉴别出来?试设计一个实验方案。

(李 蓓 吴文琴)

二、痰液标本病原微生物的分离鉴定

痰液标本的细菌学检查对于支气管和肺部感染性疾病的诊断和治疗具有很重要的意义。引起支气管和肺部感染的病原菌种类很多,有时为混合感染,痰液标本中常混有口腔和鼻咽部的正常菌群,在标本采集和标本检验中需要认真鉴别与仔细分析以明确微生物的来源及种类。

痰液标本中含有的微生物种类较多,常见的病原微生物见表3-2。

表 3-2　痰液标本中常见病原微生物

	革 兰 阳 性	革 兰 阴 性
球　菌	肺炎链球菌、草绿色链球菌、金黄色葡萄球菌、厌氧性球菌	脑膜炎奈瑟菌、卡他球菌
杆　菌	结核分枝杆菌、白喉棒状杆菌、类白喉棒状杆菌、炭疽芽孢杆菌	流感嗜血杆菌、肺炎克雷伯菌、大肠杆菌、铜绿假单胞菌、产气肠杆菌、变形杆菌、嗜肺军团菌、沙雷菌、鼠疫耶尔森菌
其　他	假丝酵母菌、曲霉菌、奋森螺旋体	放线菌、肺炎支原体

【实验目的】

(1) 了解痰液标本采集及处理方法。

(2) 熟悉痰液标本的微生物分离鉴定程序。

【实验材料】

(1) 待检痰液标本。

(2) 血琼脂平板培养基、罗氏培养基、厌氧培养基、沙氏培养基。

(3) 革兰染色液和抗酸染色液。

(4) 小白鼠、豚鼠。

(5) 酒精灯、载玻片、接种环等。

【实验方法】

1. **标本采集**　合格标本的采集是取得正确检验结果的关键,因此要教会患者如何采取或亲自去收集,要求采集肺深部的痰液,不要唾液。常见的痰液标本采集方法如下。

(1) 自然咳痰法:患者清晨起床,用清水反复漱口后用力自气管深部咳出当日第一口浓痰,置于无菌容器中尽快送检。

(2) 气管镜采集法:用气管镜在肺内病灶附近用导管吸引或者用支气管刷直接取得,该方法对于患者有一定痛苦,不易接受。

(3) 小儿取痰法:用弯压舌板向后压舌,用棉拭深入咽部,小儿经压舌刺激咳嗽时,可喷出肺部和气管分泌物,粘在棉拭上,取出检查。

(4) 气管穿刺法:通过气管穿刺取得的痰液主要用于厌氧培养。

(5) 胃内采痰法:结核患者尤其婴幼儿患者不会咳痰,且有时把痰误咽入胃内,可采胃内容物作结核菌培养,其阳性结果比咳痰高 10% 左右,该方法于清晨空腹时,将胃管插入胃内,用注射器抽取胃液。

在采集痰液标本的时候,要注意以下几点:① 痰液标本的采集以晨痰为佳,咳前充分漱口,减少口腔正常菌群的污染。② 标本采集后应及时送检,以防某些细菌在外环境中死亡。作结核分枝杆菌或真菌培养的痰液如不能及时送检,应放入 4℃ 冰箱,以免杂菌生长。③ 做结核分枝杆菌检查,通常最好收集 24 h 痰液。④ 先用低倍镜检查痰液标本,区分痰液标本的正常和病变部分。正常部分可看到来自口腔黏膜的扁平上皮细胞,其上黏附有不少正常菌群的细菌。如果痰液标本中每个低倍镜视野内扁平上皮细胞多于 25 个,脓细胞又少于 10 个,找不到病变部分,表示标本来自唾液,不必做进一步检查,要求重新送检痰标本。⑤ 痰液标本培养前需要处理,其作用是使痰液均质化,而对细菌培养无影响,通常用胰酶均质化法。

2. 检查程序　具体程序见图3-2。

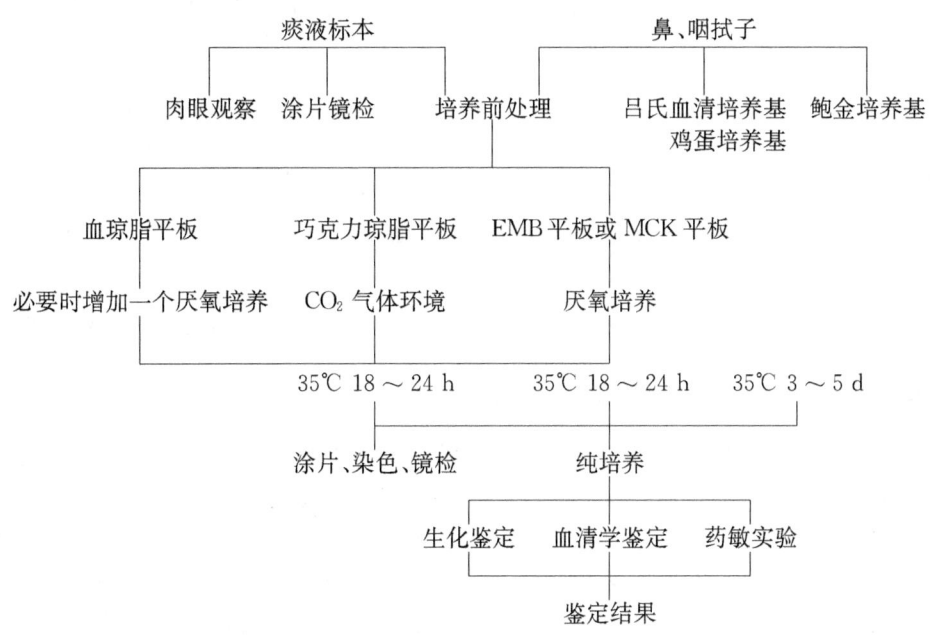

图3-2　痰液标本病原微生物分离及鉴定程序

3. 检测方法

(1) 涂片镜检:痰标本直接涂片后革兰染色制成的玻片用普通显微镜检查,如果发现大量革兰阳性的葡萄状排列的球菌提示葡萄球菌感染;如果发现矛头状成双排列并且尖端相对的有明显荚膜或荚膜不明显但细菌之间有空隙,则提示肺炎链球菌感染。

痰液标本革兰染色找不到细菌或有可疑的革兰阳性杆菌,或临床疑有结核感染者,应做抗酸染色。若镜检发现细菌的形态及染色形似结核分枝杆菌,不能报告找到结核分枝杆菌,只能报告发现抗酸杆菌,必须经过培养或动物试验方法证实后才可以报告发现结核分枝杆菌。

直接涂片抗酸染色镜检报告方式:① －:仔细观察300个视野(观察时间不少于4 min)未发现抗酸杆菌。② ±:300个视野内发现1～2条抗酸杆菌。③ ＋:300个视野内发现3～9条抗酸杆菌。④ ＋＋:300个视野内发现10～99条抗酸杆菌。⑤ ＋＋＋:每个视野内发现1～9条抗酸杆菌。⑥ ＋＋＋＋:每个视野内发现10条以上抗酸杆菌。

但是以上报告方式只适用于直接涂片镜检,对集菌涂片应按"发现抗酸杆菌"或"未发现抗酸杆菌"的方式报告。

(2) 分离培养:将处理后的痰标本分区划线接种于血平板,在35～37℃下培养18～24 h,最好在含有10% CO_2的环境下培养。有学者建议分区划线后作卫星现象使流感嗜血杆菌容易生长,尤其是在直接涂片中看到有革兰阴性小杆菌时,更有必要。

如怀疑为放线菌感染,挑取痰标本中的黄色"硫磺样颗粒"接种于沙氏培养基,同时进行厌氧和需氧培养,需要37℃下培养3～5 d后观察结果。

（3）其他必要时需要做的检查：有 1/4~1/2 肺部感染的患者可能发生菌血症，可同时做血培养检查。婴幼儿患有肺结核病时由于不会咳痰吐出，又常有不自觉的吞咽现象，因此可以采取胃液标本进行检查，常可弥补不足，但需要与胃液中的抗酸性腐物寄生菌区别。

思 考 题

1. 请设计一个从痰液标本中分离结核分枝杆菌的实验方案。
2. 痰液标本中查到抗酸杆菌有何临床诊断意义？

（李 蓓　朱明磊）

三、尿液标本病原微生物的分离鉴定

正常人的尿液是无菌的，但在外尿道，尤其是接触体表的部分，有许多正常菌群和条件致病菌寄生（表3-3），可以通过多种途径引起尿路感染。急性尿路感染常表现为起病急骤、发热、腰酸痛，常伴有尿急、尿痛等膀胱刺激症状，尿常规发现大量白细胞，可有菌尿。慢性尿路感染则多数有反复发作的尿路感染症状，尿培养很有意义。对于特异性感染则早期症状不明显，但累及膀胱后常出现尿急、尿痛等膀胱刺激症状，甚至血尿。

表3-3　尿液标本中常见细菌

	革兰阳性菌	革兰阴性菌
正常菌群	葡萄球菌、肠球菌、四联球菌、八叠球菌、枯草芽孢杆菌、乳酸杆菌、产气荚膜芽孢梭菌、耻垢分枝杆菌等	大肠杆菌、变形杆菌、卡他布兰汉菌、粪产碱杆菌、拟杆菌、阴道加德纳菌等
病原菌	金黄色葡萄球菌、肠球菌、化脓性链球菌、表皮葡萄球菌、厌氧性链球菌等	淋病奈瑟菌、大肠杆菌、变形杆菌、卡他布兰汉菌、肺炎克雷伯菌、产气肠杆菌、沙门菌、铜绿假单胞菌、沙雷菌、拟杆菌等

尿液标本的细菌学检查不仅有助于泌尿道感染的诊断，还可以通过细菌培养后的药敏试验选择出有效的抗菌药物进行治疗，还可以作为判断疗效的一个指标。

【实验目的】
（1）了解尿液标本采集及处理方法。
（2）熟悉尿液标本的微生物分离鉴定程序。

【实验材料】
（1）待检尿液标本。
（2）血琼脂平板培养基、罗氏培养基、厌氧培养基、沙氏培养基、柯索夫培养基。
（3）革兰染色液和抗酸染色液。
（4）酒精灯、载玻片、接种环等。

【实验方法】
1. 标本采集　常见的尿液标本采集方法如下。

(1) 导尿法：采取导管导尿，注意无菌操作，取 10～15 mL 尿液盛于无菌容器中，立即送检。

(2) 中段采集法：最常用方法，女性患者先用肥皂水或 1/1 000 高锰酸钾水溶液冲洗外阴及尿道口；男性患者应翻转包皮冲洗，用 1/1 000 苯扎溴铵溶液（新洁尔灭）消毒尿道口再用灭菌纱布擦干。让患者排尿，弃去前段尿，收集中段尿 10～20 mL 尿液盛于无菌容器中，立即送检。

(3) 肾盂尿采集法：为确定尿液是否来自肾脏，可用导尿管收集肾盂尿。需要先充分冲洗膀胱，以最后一次冲洗尿做对照，然后将导尿管插入输尿管，分别标记左右侧，收集 3 次尿液。肾盂尿采集法一般应该请泌尿科医师协助。

(4) 膀胱穿刺尿采集法：将患者耻骨上皮经碘酒或酒精消毒后，以无菌针筒做膀胱穿刺。此方法主要收集尿液用于厌氧菌培养。

(5) 留尿法：尿液检查结核分枝杆菌时，可用一洁净容器，留取 24 h 的尿液，取其沉淀部分盛于清洁瓶内送检。

采集尿液标本需要注意的事项：① 尿液标本的采集和培养中最大的问题是污染杂菌，故应该严格无菌操作。② 尿液标本采集后立即送检或短时存放 4℃ 冰箱。③ 通常取晨起第一次尿液中段尿。④ 治疗用药物多数通过尿液排泄，因此，最好在用药前采集尿液标本。⑤ 尿液标本中不得加防腐剂或消毒剂，否则影响检出的阳性率。

2. 尿液标本的检查程序　具体程序见图 3-3。

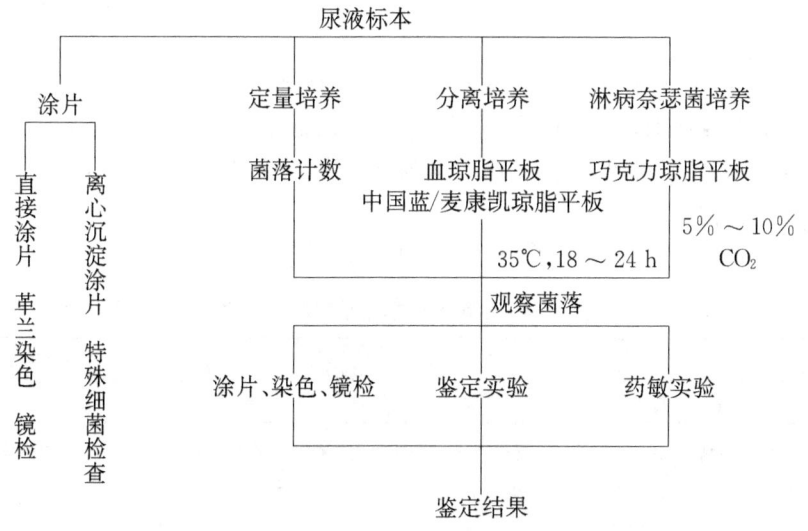

图 3-3　尿液标本微生物分离及鉴定程序

3. 检测方法

(1) 尿液细菌计数：一般认为每 mL 含菌数 1 000 以内时多为体外污染；每 mL 含菌数 2000～10 000 之间时应考虑污染；每 mL 含菌数 100 000 以上可以肯定为感染。

(2) 直接涂片检查：清晨第一次尿液 10 mL 离心后沉淀物革兰染色或吕氏美蓝染色后镜检，如查见革兰阴性肾形双球菌，存在于脓细胞内外，可以确诊为淋球菌感染。

尿液离心后沉淀物做抗酸染色后镜检如查见红色杆菌，基本可以确定为结核杆菌感染。

尿液离心后沉淀物如果太多,可滴加 10 g/L 的 KOH 使其溶解后再镜检,如发现有光亮的芽生孢子和假菌丝,提示白假丝酵母菌感染。

取发病一周后的患者尿液 10 mL 以 3 000 r/min 离心 30 min,取沉淀物一滴于载物片上,加盖玻片后用暗视野显微镜观察,如发现两端钩状的一串细密亮珠沿纵轴旋转运动的螺旋体,可以确诊为钩端螺旋体感染。

思 考 题

离心处理后的临床尿液标本涂片做抗酸染色发现抗酸杆菌可以确定为结核分枝杆菌感染吗?

(李晓花)

四、生殖道标本病原微生物的分离鉴定

正常人的内生殖道是无菌的,而外生殖道有许多正常菌群和条件致病菌寄生,对于维持生殖系统内环境的稳定起着重要作用。生殖道与外界相通并在肛门附近,容易导致其他微生物的侵袭。随着人体的生长发育,性激素的产生和性活动的进行,男女生殖道的内环境发生改变,为多种条件致病菌和外来病原微生物的感染提供了有利条件。感染一般引起生殖系统的炎症,如不及时治疗,可导致盆腔炎、不孕甚至全身感染,还可以引起新生儿先天感染。

在生殖道感染中,性传播疾病(sexually transmitted disease,STD)是一大类与性有关的传染性疾病,常见的有淋病、非淋菌性尿道炎(nongonococcal urethritis,NGU)、梅毒、尖锐湿疣、软下疳、性病淋巴肉芽肿、腹股沟淋巴肉芽肿、生殖道疱疹、AIDS 等,多数通过性传播,也可有其他传播方式。

生殖道标本中微生物种类较多,包括细菌、真菌及病毒(表 3-4)。

表 3-4 生殖道标本中常见的微生物

细 菌		支原体	衣原体	真 菌	螺旋体	病 毒
革兰阳性菌	革兰阴性菌					
金黄色葡萄球菌	淋病奈瑟菌	生殖道支原体	沙眼衣原体	白假丝酵母菌	梅毒螺旋体	HSV
表皮葡萄球菌	脑膜炎奈瑟菌	解脲脲原体				HPV
β-溶血性链球菌	杜克雷嗜血杆菌	人型支原体				HIV
肠球菌	动弯杆菌					CMV
消化链球菌	不动杆菌					
阴道加特纳菌	类杆菌					

【实验目的】

(1) 初步掌握生殖道标本采集及处理方法。

(2) 熟悉生殖道标本的微生物分离鉴定程序。

【实验材料】
(1) 待检生殖道标本。
(2) 血琼脂平板培养基、巧克力血平板、厌氧培养基、沙保弱培养基(Sabouraud medium)。
(3) 革兰染色液。
(4) 酒精灯、载玻片、接种环等。

【实验方法】
1. 标本采集　生殖道感染病变多种多样,需要根据不同病变特征及检测目的采集不同标本。

(1) 分泌物标本：尿道及尿道口标本,先用生理盐水局部清洗,用无菌棉拭子插入尿道口1~2 cm,停留10 s,轻轻旋转采集标本；外阴部糜烂或溃疡先用生理盐水局部清洗,然后用无菌棉拭子擦取边缘的分泌物；阴道及宫颈口分泌物则在窥阴器下操作,用长的无菌棉拭子采集分泌物；前列腺液则需进行前列腺按摩获取。

(2) 穿刺液标本：生殖器疱疹先应用碘酒或酒精消毒后用无菌皮试注射器刺入采集疱疹液；子宫内分泌物用无菌导管抽取,导管外套有保护膜,插入子宫后再刺穿保护膜抽取子宫内分泌物。

(3) 组织标本：尖锐湿疣、软下疳、性病淋巴肉芽肿、腹股沟淋巴肉芽肿可切取组织块制备切片。

在采集生殖道标本的时候,要注意以下几点：① 生殖器官是开放性器官,标本采集过程中应严格遵守无菌操作以减少杂菌感染。② 阴道内有许多正常菌群,采取宫颈标本时应尽可能不触及阴道壁。③ 衣原体和病毒为细胞内寄生,采集标本时应该在取材部位停留十几秒钟,并擦取内壁细胞。④ 生殖道感染中厌氧菌也比较多见,采集标本的时候注意避免与氧气接触。⑤ 奈瑟菌属的细菌抵抗力差,并且有自溶性,标本采集后要注意保温、保湿,并立即接种和镜检,最好是床边接种。

2. 检查程序　具体程序见图3-4。

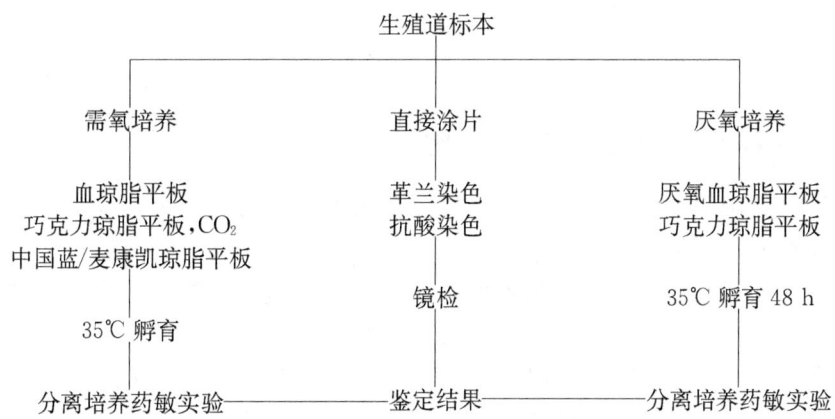

图3-4　生殖道标本微生物分离及鉴定程序

3. 检测方法
(1) 涂片镜检：

1) 普通显微镜下检查结果：生殖道标本直接涂片后革兰染色制成的玻片用普通显微镜检查，如果在白细胞内外都可以发现大量革兰阴性、形态典型的双球菌提示淋球菌感染；如果发现大量革兰阳性的芽生孢子和假菌丝提示白假丝酵母感染。

2) 暗视野或相差显微镜下检查结果：把采集的生殖道棉拭子和生理盐水混匀后的液体制成压片后在暗视野或相差显微镜下检查，如果发现大量发亮的芽生孢子和假菌丝提示白假丝酵母感染；暗视野或相差显微镜下检查采集的生殖器溃疡或下疳患者的分泌物，如果发现运动活泼的螺旋体提示梅毒螺旋体感染。

3) 荧光抗体染色检查结果：根据临床表现，对于怀疑为非淋病性尿道炎或梅毒的患者可以分别取尿道、宫颈、下疳处的分泌物涂片，自然干燥后用甲醛固定，分别进行特异的荧光抗体染色，如果在上皮细胞内见到多处针头样的单个存在的荧光点，提示为衣原体感染；如果梅毒螺旋体特异荧光染色见到均匀着色的密螺旋体可诊断为梅毒螺旋体感染。

（2）一般细菌培养用普通平板或血平板进行分离培养后做生化鉴定。女性患者白带多而且有特殊气味者应该采集标本厌氧培养。怀疑为淋球菌感染的应该接种在巧克力血平板上在35℃ 3%～10% CO_2 的环境下培养，待出现典型菌落后再做生化鉴定，如果氧化酶阴性，一般可排除淋球菌。衣原体培养除用专用培养基外，也需要在35℃ 5% CO_2 的环境下培养3～4 d，待出现典型菌落后再做生化鉴定。

（3）HSV、HPV、CMV、HIV等引起生殖道感染的病毒或难以进行培养的病原体如梅毒螺旋体可以采用血清学方法、分子杂交或PCR等方法进行鉴定。

（4）尖锐湿疣、软下疳、性病淋巴肉芽肿、腹股沟淋巴肉芽肿可以直接采集标本进行病理学检查。

思 考 题

从临床标本中分离培养淋病奈瑟菌要注意些什么问题？

（李 蓓）

五、粪便标本病原微生物的分离鉴定

在粪便标本中可以发现的微生物种类很多，根据来源可分为两大类。

1. **内源性** 包括构成正常菌群的各种厌氧菌、大肠杆菌、肠杆菌科细菌、变形杆菌等，是粪便的重要的组成部分，一般不致病，但当机体抵抗力下降、乱用抗生素等情况下可引起肠道的病理改变。

2. **外源性** 外源微生物大都具有致病性，细菌、真菌及病毒均可引起疾病。

粪便标本中分离的病原微生物大多数为革兰阴性杆菌，另外可发现真菌和病毒引起的感染，常见的病原微生物见表3-5。

【实验目的】

初步掌握从粪便标本中分离与鉴定致病性肠道杆菌的方法。

表 3-5 粪便中常见的微生物

微生物种类	正常人体常见的微生物	常见的病原微生物
细菌	大肠杆菌、双歧杆菌、类杆菌、棒状杆菌、肠球菌、假单胞菌、肠杆菌科其他细菌	幽门螺杆菌、沙门菌、大肠杆菌、志贺菌属、霍乱弧菌、副溶血性弧菌、弯曲菌、小肠结肠炎耶尔森菌、结核分枝杆菌、金黄色葡萄球菌、艰难梭菌、产气荚膜梭菌
病毒及真菌	白假丝酵母菌	轮状病毒、埃可病毒、诺如病毒、腺病毒

【实验材料】
(1) 患者粪便标本。
(2) SS琼脂平板、半固体双糖含铁培养基、EMB平板、糖发酵管、蛋白胨水、尿素培养基等。
(3) 沙门菌、痢疾杆菌诊断血清等。

【实验方法】
1. 标本采集
(1) 自然排便采集：患者自然排出粪便后，挑取其少许，如为成形粪便采集 2~3 g，而稀便或水样便时则取絮状物 2~3 mL，采集的部位以脓血或黏液处为宜。标本采集后立即接种增菌培养基或置保存液中运送至实验室。若临床实验室不远，也可直接盛于无菌容器送检。
(2) 直肠拭子：用于粪便难以获得或排便困难的患者和婴幼儿，采集时棉签应预先用保存液或生理盐水湿润，然后插入肛门 4~5 cm 处(婴幼儿 2~3 cm)轻轻旋转后取出，置携带培养基或无菌容器中送检。直肠拭子还可方便地用做流行病学调查，但与自然排便采集的标本相比，检出的阳性率低。由于粪便标本久存后易产酸而影响病原体的存活，故遇不能及时接种培养的标本，往往置缓冲甘油盐水中暂时保存。
2. 检验程序 具体程序见图 3-5。

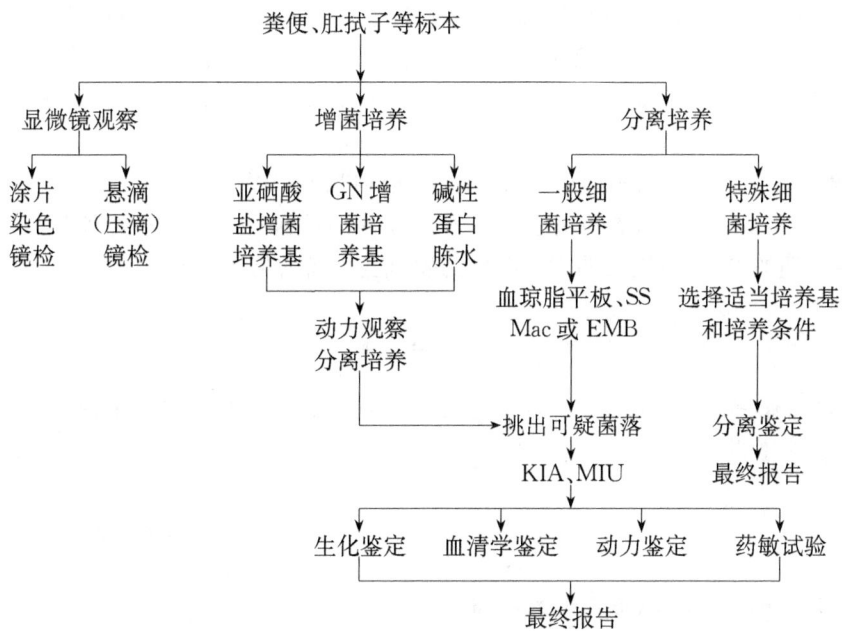

图 3-5 粪便标本病原微生物分离及鉴定程序

3. 检查方法

(1) 肉眼观察：观察粪便的颜色、形状、气味、是否带血等对感染作出大致的判断，如痢疾杆菌感染为黏液脓血便，霍乱弧菌感染为米泔水样便等。

(2) 显微镜观察：肠道细菌大多为革兰阴性杆菌，且粪便中有各种正常菌群，形态上难以区分，因此涂片镜检一般不做。但当怀疑有弧菌、弯曲菌、螺菌、真菌等特殊形态的病原微生物或革兰阳性菌感染时，应做染色镜检，或采用悬滴法、压滴法观察细菌的动力。

(3) 分离培养与鉴定：根据肉眼观察、显微镜观察结果及临床特点选择适当的培养基进行培养。

1) 疑为沙门菌属、志贺菌属及致病性大肠杆菌感染的粪便标本，同时接种强选择培养基（SS 琼脂）及弱选择培养基（EMB 等）分离培养，挑选可疑菌落接种于克氏双糖铁琼脂（KIA）和尿素—动力—靛基质（UMI）培养基，最后经生化鉴定和血清学鉴定。

2) 疑为弧菌感染采用碱性蛋白胨水增菌和碱性胆盐琼脂平板（TCBS）等分离培养，然后进行玻片凝集试验。

3) 疑为弯曲杆菌采用炭末—头孢哌酮—去氧胆酸盐培养基（CCD），42℃，微嗜氧环境培养 48 h。挑选可疑菌落做马尿酸水解试验等生化反应进行鉴定。

4) 疑为幽门螺杆菌接种哥伦比亚琼脂培养基，37℃，微需氧环境培养 3~4 d。挑选可疑菌落做脲酶试验等生化反应进行鉴定。

5) 疑为小肠结肠炎耶尔森菌可将标本接种于新耶尔森菌选择培养基（NYE）、麦康凯平板或用 PBS(1/15 mol/L, pH 7.4~7.8) 4℃增菌后再接种于上述培养基分别做 25℃及 37℃培养，挑选可疑菌落做动力试验、尿素酶试验等生化反应及血清学分型鉴定。

6) 疑为葡萄球菌取海水样绿色粪便接种于甘露醇高盐琼脂平板，35℃培养 18~24 h，挑选可疑菌落做凝固酶、耐热核酸酶等试验进行鉴定。

7) 疑为厌氧菌感染应立即将标本接种血琼脂平板、CCFA（环丝氨酸、头孢甲氧霉素、果糖和卵黄琼脂）平板上，在厌氧环境下培养，挑选可疑菌落作生化反应鉴定。

8) 疑为白假丝酵母菌将标本接种沙保弱培养基，取可疑菌落做芽管形成试验、厚膜孢子形成试验等进行鉴定。

9) 菌群失调时可选用多种培养基及培养条件进行鉴定。

4. 临床意义　粪便标本的病原生物学检验，有助于临床胃肠炎、坏死性肠炎等消化道感染性疾病的诊断，对检出的病原菌作药敏试验可指导临床用药。

思 考 题

检验科收到一份临床科室送检的疑似细菌性痢疾患者的粪便标本，如何进行微生物学实验室检验？

（李　蓓　冯桂香）

六、血液标本病原微生物的分离鉴定

正常人血液中是无菌的，当其他细菌侵入血液后，会产生败血症、菌血症或病毒血症，

此时血液中可检测到相应的病原体。

血液标本中常见的微生物见表3-6。

表3-6 血液中常见微生物

细　菌	真　菌	病　毒
金黄色葡萄球菌、溶血性链球菌、大肠杆菌、铜绿假单胞菌、炭疽芽孢杆菌、产气荚膜梭菌、产单核李斯特菌、结核分枝杆菌、脑膜炎奈瑟菌、卡他布拉汉菌、伤寒/副伤寒沙门菌、变形杆菌、脆弱类杆菌、梭杆菌、布鲁氏菌、鼠疫耶尔森菌	申克孢子丝菌、组织胞浆菌、球孢子菌、皮炎芽生菌	甲、乙、丙、丁、戊型肝炎病毒、巨细胞病毒、水痘-带状疱疹病毒、单纯疱疹病毒、流感病毒、麻疹病毒、柯萨奇病毒、乙型脑炎病毒、人类免疫缺陷病毒

【实验目的】

初步掌握血标本的采集和其中病原微生物的检测程序。

【实验材料】

(1) 待检血标本。

(2) 血琼脂平板培养基、巧克力血平板、厌氧培养基、增菌培养基。

(3) 革兰染色液。

(4) 酒精灯、载玻片、接种环等。

【实验方法】

1. 标本的采集与送检

(1) 采血时间应在患者使用抗菌药物之前，对已用药而又不能终止用药的患者应在下次用药前采血。

(2) 采血量约为培养液的1/10，采集的血液应立即注入含增菌肉汤的培养瓶中，并迅速轻摇，使之充分混合，防止血液凝固。

(3) 病毒的检测可取血液检测病毒颗粒或相应的抗原，也可以检测相应的抗体。

2. 检测程序　具体程序见图3-6。

3. 检测方法

(1) 标本取出后，可同时接种于两个增菌肉汤培养瓶，分别做需氧培养和厌氧培养，每天观察一次。

增菌肉汤培养会出现下列现象：① 均匀混浊，酚红指示剂变色，大多为革兰阴性杆菌生长。② 微混浊并有绿色变化，可疑为肺炎链球菌生长。③ 表面有菌膜，膜下呈均匀混浊并有绿色荧光，可疑为铜绿假单胞菌生长。④ 上面澄清，下面有沉淀，可疑为链球菌生长。⑤ 细胞层出现自上而下的溶血，可疑为溶血性链球菌生长。⑥ 混浊并有胶冻状凝固现象，可疑为葡萄球菌生长。⑦ 表面有灰白色菌膜，培养液较为清晰，可疑为枯草芽孢杆菌或类白喉棒状杆菌生长。

(2) 当肉眼见到细菌生长时，取培养液做如下处理：① 涂片、染色；② 直接作药敏试验；③ 选择合适培养基分离培养，并作生化反应、血清学试验及药敏试验。

在排除污染的情况下，可报告"培养×天有××细菌生长"，并报告药敏结果。若培养7 d无细菌生长，做两次以上的盲目移种，培养后仍无菌生长，可报告"经7天培养无细菌生长"。

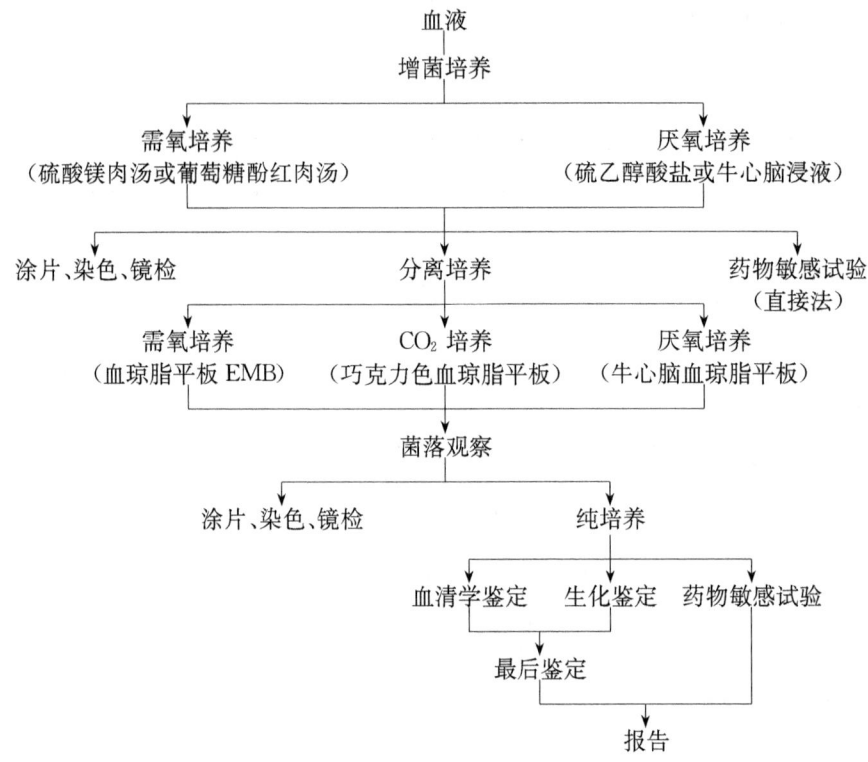

图 3-6 血液标本病原微生物分离及鉴定程序

（3）除普通培养外，根据不同情况可做特殊培养，包括脑膜炎奈瑟菌培养、伤寒沙门菌及其他沙门菌培养、草绿色链球菌培养、L型细菌培养、厌氧菌培养、真菌培养。

（4）病毒检测：虽然可通过电镜和免疫电镜从血液中检出相应的病毒颗粒，但不能用于临床诊断，目前病毒感染的检验多采用免疫学方法。

思 考 题

简述血液标本的检测程序。

（李 蓓）

七、脑脊液标本病原微生物的分离鉴定

脑脊液微生物检测对于脑膜炎的病原学诊断很有价值，也有助于各种脑膜炎的鉴别诊断。由于血脑屏障的关系在正常情况下脑脊液里无菌，若在里面检测到微生物的存在，可以确诊。

脑脊液中常见的微生物包括细菌、病毒、真菌（表 3-7），在病原学检测过程中首先应根据患者的临床症状、体征以及脑脊液的生化检验。

【实验目的】

初步掌握脑脊液标本的采集及其病原微生物的检测程序。

表 3-7 脑脊液中常见的病原微生物

细　菌	病　毒	真　菌
流感嗜血杆菌、脑膜炎奈瑟菌、肺炎链球菌、结核分枝杆菌、大肠杆菌、B群链球菌、李斯特菌、巴氏杆菌、不动杆菌、炭疽芽孢杆菌、铜绿假单胞菌、钩端螺旋体	乙型脑炎病毒、柯萨奇病毒、单纯疱疹病毒	白色假丝酵母菌、新型隐球菌

【实验材料】
(1) 待检标本。
(2) 血琼脂平板培养基、巧克力血平板、增菌培养基、沙氏培养基等。
(3) 革兰染色液、墨汁。
(4) 酒精灯、载玻片、接种环等。

【实验方法】
1. 标本的采集
(1) 无菌采集脑脊液 2～3 mL,盛于无菌容器送检。
(2) 由于脑脊液中许多病原体会产生自溶或较易死亡,因此必须马上送检。
(3) 在送检过程中注意保温,室温或 37℃ 送检,绝不能冷藏送检。
(4) 若欲进行病毒的分离,应置于冰盒送检。

2. 检测程序　具体程序见图 3-7。

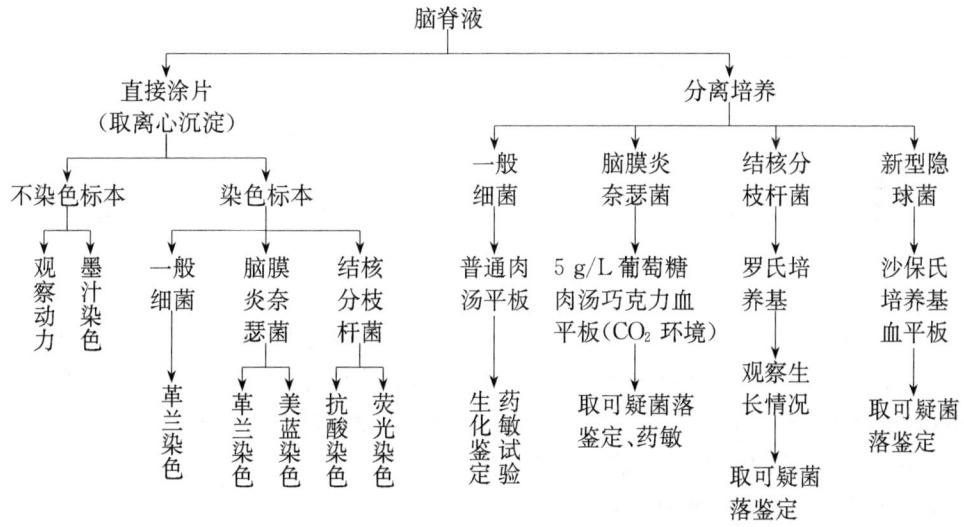

图 3-7　脑脊液标本的细菌学检测程序

3. 检测方法
(1) 涂片镜检：标本取来后首选观察脑脊液的外观,浑浊脑脊液可直接涂片染色,无色透明的脑脊液首先 3 000 r/min 离心 10～15 min 后取沉淀涂片染色镜检。

1) 若见革兰阴性、凹面相对、成双排列的球菌,位于细胞内或细胞外,可报告"找到革兰阴性双球菌,位于细胞内(外),形似脑膜炎奈瑟菌"。

2) 若见革兰阳性、在菌体周围有明显荚膜的矛头状双球菌,可报告"找到革兰阳性双球菌,形似肺炎链球菌"。

3) 若见革兰阴性、多种形态、大小不一、杆状或丝状的细菌,可报告"找到革兰阴性杆菌,形似流感嗜血杆菌"。

4) 若见小而规则、单独或呈Ⅴ形排列、出现在多量单核细胞之间的革兰阳性杆菌,可报告"找到革兰阳性杆菌,形似产单核李斯特菌"。

5) 其他不易识别的细菌,根据形态、排列及染色,可报告"找到革兰×性×菌"。

若直接镜检检测到阳性结果,可直接以离心沉淀物做药敏试验。

(2) 将脑脊液接种于血琼脂或巧克力色培养板上,培养板置于烛缸内,37℃培养24 h,根据菌落特征、细菌形态及生化反应鉴定后报告"检出×菌"。若培养3 d后仍未见细菌生长,即可报告"经3 d培养,无细菌生长"。

(3) 病毒的分离培养:取患者脑脊液,经抗菌处理后接种于鸡胚、细胞培养或进行动物分离培养,并根据交叉中和试验、红细胞凝集与凝集抑制试验对病毒进行分性。

思 考 题

1. 脑脊液标本采集时应注意什么?
2. 简述脑脊液标本的检测程序。

(李 蓓)

八、组织标本病原微生物的分离鉴定

组织标本主要指应用刮取、穿刺活检、手术活检及尸体剖检所获得的组织,根据病变部位及来源大致分为三大类。

1. **表浅的皮肤黏膜感染** 往往需要穿刺抽取组织液或切取组织块进行病原学检测。
2. **深部组织感染** 需通过各种内镜检查或手术直接获得相应组织以协助病原体诊断。
3. **尸检标本** 常需进行尸体解剖,取相应组织进行病原菌检测。任何病原微生物均可见于组织标本中,包括细菌、真菌、病毒、支原体、衣原体等。其中有一些难于培养的病原体,如布鲁司杆菌、引起播散性感染的真菌和分枝杆菌、军团菌、李斯特菌、支原体、病毒等,均需特殊的培养基以及较长的分离培养过程。

组织标本可以存在各种病原菌,常见的病原微生物见表3-8。

表3-8 组织标本中的常见病原微生物

	革兰阳性菌	革兰阴性菌
球 菌	金黄色葡萄球菌、链球菌、消化球菌、消化链球菌	淋病奈瑟菌
杆 菌	炭疽杆菌、破伤风杆菌、产气荚膜杆菌、结核分枝杆菌、麻风分枝杆菌	变形杆菌、铜绿假单胞菌、大肠杆菌、产气肠杆菌、幽门螺杆菌、弯曲菌、布鲁司杆菌、类杆菌、梭杆菌
其 他	衣氏放线菌、奴卡菌、真菌	支原体、螺旋体、立克次体

【实验目的】
（1）熟悉刮取、穿刺活检、手术活检及尸体剖检标本的采集及常见病原微生物的鉴定要点。
（2）熟悉组织标本的检验程序、采集组织标本的注意事项。
（3）了解组织标本中常见的病原微生物。

【实验材料】
（1）刮取物、穿刺活检、手术活检、尸体剖检标本、组织块。
（2）血琼脂培养基、中国蓝琼脂培养基、巧克力血琼脂培养基、厌氧血琼脂培养基、罗-琴培养基、其他鉴别培养基。
（3）革兰染色液、美蓝染色液、抗酸染色液和墨汁染色液、100 g/L KOH、无菌生理盐水及各种常用生化试剂。
（4）无菌抗凝管、灭菌试管、平皿、毛细吸管、滴管、无菌注射器、灭菌棉拭子、显微镜、载玻片、盖玻片。

【实验方法】
1. **标本采集** 按不同组织感染的部位，采集的方法与标本亦不同，见表3-9。

表3-9 组织感染部位与采集方法

感染部位	采集方法	感染部位	采集方法
皮肤、黏膜	刮取、擦取	直肠、结肠	肠镜活检
牙周、肝、肾、肺、脑	穿刺、活检、内镜活检	胆道、肠系膜淋巴结、子宫附件等	腹腔镜活检
支气管、肺	支气管镜活检	扁桃体、心瓣膜、内脏等	手术活检
胃、十二指肠	胃镜活检	各种组织器官	尸检

2. **检验程序** 具体程序见图3-8。

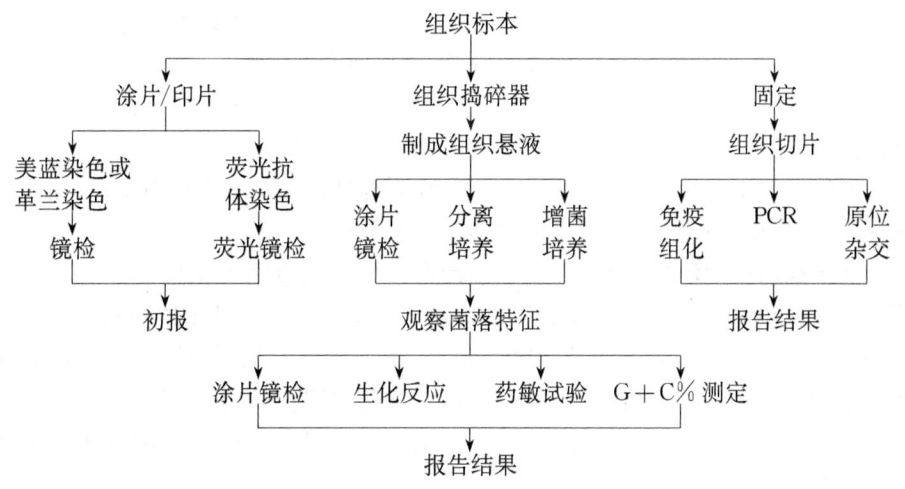

图3-8 组织标本的检验程序

3. 常见病原微生物鉴定要点及报告方式
（1）麻风分枝杆菌：
1）形态学检查：本菌为抗酸杆菌。经抗酸染色后，镜下观察，可见菌体细长，略弯曲，常呈囊状排列,有的着色不均匀呈断裂或颗粒状,多数细菌位于细胞内,并且该细菌的胞浆呈泡沫状,亦称麻风细胞。该菌亦为革兰阳性菌,无鞭毛、无荚膜、无芽孢。

2)分离培养鉴定:人工体外培养,迄今尚未成功。

(2)幽门螺杆菌:

1)形态学检查:本菌为革兰染色阴性菌,经革兰染色后,镜检时可见菌体细长弯曲呈弧形,形成螺旋状。菌体的一端有2～6根鞭毛,运动活泼。陈旧培养物染色后镜检,菌体呈球形或杆状。

2)分离培养鉴定:将本菌接种在巧克力血琼脂或改良skirrow血琼脂培养基,经35℃微需氧环境培养3～4 d,可形成0.5～1 mm大小、无色或灰白色、透明或半透明、边缘整齐、凸起的菌落,有轻度β溶血环。

经分离培养,生化鉴定后可报告"××组织标本分离出幽门螺杆菌"。

(3)放线菌:

1)形态学检查:本菌为革兰染色阳性菌。衣氏放线菌染色后镜检可见菌丝细长无隔,呈典型分支、菌丝断裂后呈链状或链杆状,很像类白喉棒状杆菌。在病灶组织或脓样物质中,可找到肉眼可见的黄色小颗粒,称"硫黄样颗粒"。将颗粒压片镜检可见颗粒呈"菊花状",放射状排列,末端膨大成棒状体,折射率强,部分呈革兰阴性。病理标本苏木精伊红染色,中央为紫色,末端膨大为红色。奴卡菌形态染色性基本与衣氏放线菌相同,菌丝末端不膨大,抗酸染色呈弱抗酸性。

2)分离培养鉴定:衣氏放线菌厌氧或微需氧。将该菌接种在血液琼脂平板上,置35℃经3～6 d厌氧或微需氧孵育,可见灰白色或淡黄色、粗糙而不规则的菌落,不溶血,经人工多次接种培养,菌落可呈光滑、灰白色、有光泽、柔软易于钩取的菌落。

奴卡放线菌为专性需氧菌。该菌可接种普通琼脂培养基,置37℃经5～7 d需氧孵育,可见菌落表面干燥,皱褶或呈颗粒状。不同种类菌可产生色素不同,如星形奴卡菌菌落呈黄色或深橙色;巴西奴卡菌菌落表面白色,豚鼠奴卡菌呈黄色或橙黄色。

经涂片染色,分离培养、鉴定可报告"××组织标本分离出××放线菌"。

【注意事项】

(1)采集表浅组织标本及窦道标本时,可用无菌棉签擦取或用小刀刮取;组织器官标本可采用手术切除或穿刺抽取,置于无菌的小试管内送检。

(2)采集深部组织活检标本时,先应进行严格皮肤消毒后无菌穿刺采集或在手术过程中采集。采集的标本应盛于无菌容器内并加入少量无菌生理盐水以保持相对湿度。若进行厌氧菌培养应将标本置于无菌的密闭容器(或加入还原剂)并放入厌氧罐内,保持相对湿度以便进行分离培养。肺组织切片进行军团菌分离时不宜加生理盐水。

(3)采集尸检标本一般要求在死后20 h内采取。切取5～10 mm^3大小的组织块2份,置无菌容器内送检。

(4)采集有污染的组织标本,如活检、尸检标本、摘除的扁桃体,可将组织表面烧灼或置沸水中5～10 s除去污染菌,用无菌器械取组织中间部位进行检验。

(5)脓液、渗出液标本可直接制成涂片,某些器官组织可制成印片,作革兰染色,以检查有无细菌存在,根据所见细菌的多寡及特点等确定分离培养、鉴定的方法,有的还须作特殊染色检查。

（6）液体和脓性标本,可直接用于培养,某些器官组织因含菌量少,应将大量组织磨制成乳剂作细菌培养用。

（7）对培养基和培养方法的选择,可根据临床诊断、检验目的与要求及涂片所见而决定。培养物可按实际情况分别放置需氧、厌氧、二氧化碳环境中培养。

（8）尸检器官组织标本,因死后肠道内的细菌易侵入血液及组织内,培养时可见有大肠杆菌、产气肠杆菌、变形杆菌等细菌生长,这些细菌为继发侵入者。为防止变形杆菌迁徙生长而影响其他病原菌的分离,应选用抑制变形杆菌弥散生长的培养基。

思 考 题

简述组织标本的采集方法。

（李 蓓）

九、鲜奶中微生物的检测

随着生活水平的不断提高,牛奶已成为大多数家庭的日常生活用品。但由于牛奶中含碳水化合物、蛋白质、脂肪、无机盐和维生素,pH约为6.8,因此极易被微生物利用和分解。如果在采奶或运输装罐等过程中不重视严格消毒,则很快会被微生物污染,甚至被病原菌所污染。生奶经巴斯德法消毒处理后,可杀死所有的病原微生物,从而保证了饮用的卫生和安全。

本试验采用标准平板计菌法对不同牌子牛奶中细菌总数进行检测。同时,还采用选择性很强的鉴别培养基去氧胆酸盐琼脂平板对牛奶中可能存在的粪便污染指示菌——大肠菌群进行检测。这种培养基可抑制绝大多数非大肠菌群细菌的生长,大肠菌群细菌还可发酵培养基中的乳糖产酸。在培养基内指示剂的作用下菌落呈红色,而不发酵乳糖的其他细菌则呈白色,因此很容易加以鉴别并作计数。

牛奶中的微生物在贮存过程中可不断增殖,同时降低了溶解氧浓度,使氧化还原电位大大下降,可以用美蓝还原酶试验来检测这一变化。当牛奶因微生物大量增殖而处于厌氧还原环境时,氧化还原指示剂美蓝即被脱色。通过测定牛奶样品中美蓝被还原脱色的速度,即可得知所测牛奶的质量。

牛奶中可检出的微生物种类很多,常见的见表3-10。

表3-10 牛奶中常见的微生物

细 菌	真 菌
乳酸杆菌、微杆菌、微球菌、链球菌、大肠杆菌、沙门菌、布鲁司杆菌	胞壁酵母、洪氏球拟酵母、球拟酵母、乳酪粉胞霉、黑念珠霉、蜡叶芽枝霉、乳酪青霉、灰绿曲霉、黑曲霉、灰绿青霉

【实验目的】

了解市售鲜奶中微生物污染情况。

【实验材料】

(1) 肉膏蛋白胨琼脂培养基、去氧胆酸盐琼脂培养基。

(2) 不同品牌的市售鲜奶。

(3) 显微镜、试管架、水浴锅、铁丝架、灭菌移液管、载玻片、无菌带塞试管等。

(4) 二甲苯、95%酒精、1∶25 000美蓝溶液。

【实验方法】

1. 平板菌落计数

(1) 取出鲜奶,摇匀,分别以无菌手续去掉瓶口的纸罩纸盖,瓶口经火焰消毒后,用无菌手续吸取2 mL检样,以10倍稀释法用灭菌生理盐水将其稀释成10^{-1}、10^{-2}、10^{-3}。

(2) 各取1 mL的稀释液,分别放入已标记好的无菌培养皿内,将肉膏蛋白胨琼脂培养基融化,待冷却至45℃左右时,在火焰旁倒入培养皿内,迅速盖好,放在桌面上轻轻摇转,使稀释的样品与培养基均匀混合,待平板冷却固化后,倒置,于30℃培养2 d。

(3) 同上方法,吸取1 mL稀释液至灭菌培养皿中,分别倾入加热融化并冷却至45℃的去氧胆酸盐琼脂培养基,冷凝后倒置,30℃培养2 d。

(4) 所有平板在30℃培养2 d后,选择每皿出现30~300个菌落的稀释度为准,计算出每毫升牛奶中含细菌总数,根据在去氧胆酸盐琼脂平板上呈红色的菌落数,算出牛奶中大肠菌群细菌数。

2. 美蓝还原酶测定

(1) 分别用10 mL无菌移液管从已混匀的待测样品中吸取10 mL牛奶,放入带塞的无菌试管中(体积15 mL),不同样品各用1支试管。

(2) 每个样品试管内各加1∶25 000美蓝溶液1 mL,塞上瓶塞后充分摇匀,置于37℃的水浴内,记录培养时间。

(3) 每隔30 s观察一次。记录各管美蓝脱色时间,根据表3-11判断待测牛奶的质量等级。

表3-11 美蓝脱色时间与牛奶质量等级

牛奶 等级	美蓝脱色时间(h)	牛奶 等级	美蓝脱色时间(h)
上等奶	6~8	下等奶	0.5~2
中等奶	2~6	劣等奶	少于0.5

【实验结果】

将实验结果填入表3-12。

表3-12 牛奶中微生物检测结果

样品名称(不同品牌)	平板菌落计数(菌落数/mL)		美蓝脱色时间(h)
	细菌总数	大肠菌群数	
1			
2			
3			

思 考 题

简述美蓝还原酶测定原理。

(李 蓓 朱明磊)

第四章

创新型实验

大学生科研创新能力的培养是当前高等本科教育的重要目标之一。目前,我校临床等专业正进行以器官为中心的课程整合,要求基础与临床教学结合,大力培养学生的自主学习能力。大学生科研是培养学生自主学习能力的主要手段,有助于学生基本实验技术和技能应用的整合,激发学生的创新思维和创新意识,形成创新教育的氛围。本章结合我校微生物学及相关临床学科的团队科研方向,确定了五个科研创新型实验项目,帮助优秀学生开展科学研究。

一、药用植物内生菌的多样性分析

内生菌(endophyte)是指一类在其部分或全部生活史中存活于健康植物组织内部、不引发宿主植物表现出明显感染症状,甚至有益于植物的微生物。植物内生菌包括内生真菌和内生细菌(内生细菌包括内生放线菌),可从经过严格表面消毒的植物组织或植物组织内部分离得到,对宿主植物无害,现在已成为天然活性成分的来源之一。我国有丰富的中药材资源,如盾叶薯蓣、苍术、何首乌、金银花等,在这些植物的根、茎、叶、花、果实或种子等器官组织的细胞或细胞间隙内均分布有内生菌。

【实验目的】
(1) 了解植物内生菌的分布情况,扩大医学生对微生物存在空间的认识。
(2) 筛选出可利用的微生物菌株。

【实验材料】
(1) 药用植物的地下茎,如盾叶薯蓣、苍术、何首乌或其他植物等。
(2) 乙醇(75%、95%)、刀片、镊子、显微镜、革兰染液、培养皿、LB 和 PDA 固体培养基及相关 PCR 试剂和仪器等。

【实验方法】
1. 菌株分离 选取成活植株的地下茎,自来水冲洗 5 min,95% 酒精浸湿,烧灼,无菌条件下削去外皮,95% 酒精重复烧灼,75% 酒精浸泡 10 min,无菌双蒸馏水冲洗 3~5 遍,无菌滤纸吸干水分,用刀片切取组织成 1~3 mm 厚的薄片贴在 LB 和 PDA 培养基上,分别在 32~35℃ 条件下,恒温保湿培养。

2. 纯化 挑取分离培养基上生长的培养物,用生理盐水稀释,划线接种在相应固体培养基上,恒温培养,直至获得单菌落。

3. 形态观察 常规染色,显微镜观察菌株的形态或结构。

4. 生化反应 常规方法进行。

5. 细菌 16S rDNA 或真菌 ITS 序列测定 利用 PCR 法扩增 16S rDNA 或 ITS 序列,将所测得的基因序列与 GenBank 数据库中相应菌株的基因组序列进行比对分析,应用 MEGA 4.0 构建系统发育树。

【实验结果】

综合菌株的形态学、生物化学及分子生物学特征,确定菌株的属或种地位。

思 考 题

1. 内生菌是如何定植到植物组织中的?
2. 如何理解内生菌和植物之间的关系?

(金志雄　余春芳)

二、幽门螺杆菌小鼠感染模型的建立及鉴定

成功的人类感染性疾病动物模型(infected animal model of human disease)是研究病原微生物感染机理和评价防治性疫苗的关键。目前已经在 BALB/c 小鼠,C57BL/6 小鼠、蒙古沙鼠、大鼠、豚鼠、小猪、比格犬、恒河猴等动物中成功建立了幽门螺杆菌(*Helicobacter pylori*, Hp)感染动物模型。其中,BALB/c 小鼠由于其便于饲养、操作方便、可重复性强等优点越来越受到研究者的青睐。

幽门螺杆菌小鼠感染模型所用感染菌株为 Hp 悉尼株(Sydney Strain 1, SS1),来源于人类,为Ⅰ型菌株,经过人类培育已变为鼠适应株,很适合用于建立 Hp 小鼠感染模型。该菌株的各项实验数据都符合洛桑会议提出的能用于动物模型的菌株的各项要求,在全世界众多实验室得到了有效重复。

【实验目的】

学习人类感染性疾病动物模型的建立方法及鉴定程序。认识到人类感染性疾病动物模型用于医学研究的实验结论是相对正确的,最终还必须在人体上得到临床试验的验证。

【实验材料】

根据所查阅的资料写出实验材料,要求必须使用生物安全二级实验室的相关设备条件。

【实验方法】

根据查阅的文献资料设计实验方案,并写出详细的实验步骤。大致包括以下几个方面。

(1) Hp SS1 的培养(包括培养基配置、培养方法及菌落观察、形态染色性观察、生化反应鉴定等)。

(2) Hp 小鼠感染模型的建立(包括感染途径、感染剂量、感染方法的选择等)。

(3) Hp 小鼠感染模型的鉴定(包括特异性抗体检测、胃组织 PCR 鉴定、病理学鉴定、免疫组织化学鉴定、分离培养鉴定、脲酶鉴定等)。

(4) Hp 小鼠感染模型的分析(包括感染成功率分析、可能的治疗药物的选择等)。

【实验结果】

记录自己的实验结果,包括 Hp SS1 的典型形态和主要的生化反应鉴定方法,以及

Hp 小鼠感染模型的病变特点和建模鉴定结果。

分析幽门螺杆菌小鼠感染模型的建模成功率情况，列举小鼠模型感染情况与人类疾病的异同点，并提出建立人类感染性疾病动物模型的改进措施和可能的治疗措施。

（金志雄　朱明磊）

三、结核分枝杆菌临床分离株耐药性分析

结核病是人类的一个主要传染病，全球人口中有近 1/3 的人（约 17 亿人）曾感染过结核分枝杆菌。自链霉素发现以来，结核病疫情得到了一定的控制，人们曾乐观地预言 20 世纪末即将消灭结核病。然而由于不合理的用药、管理不善、患者对药物吸收不良及 HIV 感染等导致了大量耐药菌株的产生及传播，给结核病治疗带来了一定的困难，使发病率及死亡率居高不下。耐药结核菌患者的临床确诊依赖于实验室诊断，耐药结核菌诊断的关键是确定耐药菌株，分析其耐药特点对了解结核病流行情况、指导用药、控制结核病传染及开发新的抗结核药具有十分重要的意义。结核分枝杆菌耐药性测定和流行病学特征分析已成为结核病监控的重要组成部分，因此对结核分枝杆菌临床分离株进行耐药性分析具有重要的应用价值。

【实验目的】

了解本地区结核分枝杆菌临床分离株的耐药性情况及结核流行特征。

【实验材料】

(1) 既往病历资料。

(2) 生物安全实验室、疑似或确诊结核患者的标本、Lowenstein-Jensen 固体培养基、抗酸染液、离心机、生理盐水等。

【实验方法】

(1) 查阅既往临床分离株药物敏感性数据，时间不少于 5 年。

(2) 采集涂片抗酸阳性患者的临床标本。

(3) 标本处理。

(4) 结核杆菌分离培养及鉴定。

(5) 耐药性检测，如纸片法、MIC 法。

(6) 数据分析。

【实验结果】

图表显示菌株耐临床药物的变化。

思 考 题

1. 简述结核分枝杆菌的分离鉴定程序。
2. 简述结核分枝杆菌药敏试验的意义。

（金志雄　杨飞翔）

四、肺炎克雷伯菌 CRP 调控子对细菌毒力及生物膜形成的影响

肺炎克雷伯菌（*Acinetobacter baumannii*）近年来成为引起社区获得性感染和医院内感染的重要病原菌之一。由于多重耐药与泛耐药肺炎克雷伯菌日渐增多，现有的抗生素已经不能满足对这类细菌的治疗。肺炎克雷伯菌的致病是其适应宿主环境，并在宿主体内大量繁殖并发挥自身毒力的过程。从分子水平上看，这是一个紧密调控的由复杂细胞途径构成的网络。

病原细菌在宿主体内生存繁殖和侵染致病的过程中均受到一系列信号的刺激，表达相关的毒力因子适应环境或逃避宿主的免疫反应。与毒力相关的基因受特定信号刺激的调控，转录调控子在这个紧密调控过程中起着不可替代的作用。*crp* 是一个细菌毒力调控子，与致病性大肠杆菌、霍乱弧菌、创伤弧菌、铜绿假单胞菌等毒力均相关。生物膜是细菌致病性与产生耐药性的原因之一，肺炎克雷伯菌生物膜的形成与肺炎克雷伯菌致病性及耐药性的产生密切相关。在肺炎克雷伯菌生物膜形成过程中，已经发现细菌荚膜、脂多糖胞外多聚物、I 型纤毛以及 QS（密度感应）调控系统、转录因子 *mrk*H 和黏附因子 *mrk*D 均参与其中，但与生物膜形成相关基因如何进行调控目前的研究非常少。阐明肺炎克雷伯菌生物膜形成过程中的调控机制将有利于对肺炎克雷伯菌致病机制的了解并寻找新型药物靶标。

【实验目的】

了解 *crp* 如何通过调控细菌生物膜的形成而影响肺炎克雷伯菌的毒力。

【实验材料】

(1) 肺炎克雷伯菌菌液。

(2) 5％绵羊血平板、LB 液体及固体培养基。

(3) 激光共聚焦显微镜、恒温培养箱、三角烧瓶、SPF 级小鼠、无菌平皿、PBS、结晶紫、RNA 提取试剂盒、RNA 反转录试剂盒、荧光定量 PCR 试剂盒等。

【实验方法】

1. 菌株的构建　基因自杀载体基础上的肺炎克雷伯菌 *crp* 基因缺失突变株及回补株的构建。

2. 肺炎克雷伯菌超黏性、生长曲线等表型实验

(1) 超黏性试验：取肺炎克雷伯菌野生株、*crp* 突变株及回补株在 5％绵羊血平板上三区划线，37℃培养时间 14~18 h。用接种环挑起单菌落并拉丝。拉伸长度＞5 mm 时，判定为超黏性阳性菌株。通过最大拉丝长度，比较不同菌株的黏性程度大小。

(2) 生长曲线实验：不同肺炎克雷伯菌菌株接种于 LB 肉汤培养基 37℃培养过夜，次日调整 OD600 值约 1.2 后 100 倍稀释接种到 15 mL 的 LB 肉汤（50 mL 的三角烧瓶），37℃下 200 r/min 培养，每隔 1 h 取菌测 OD600 值，分析不同菌株生长速度的变化。

3. 肺炎克雷伯菌小鼠毒力实验　将基因突变株、回补株及野生株在 LB 培养基中培养至对数中期，离心收集细菌。PBS 洗涤后 10 倍系列梯度稀释。6 种不同浓度梯度菌量分别感染 BALB/c 小鼠（6 只/组），观察记录动物死亡情况以 Reed-Muench 法计算不同菌株的 LD50。同时将突变株、回补株及野生株以 1×10^8 CFU/mL 灌胃感染 BABL/c 小鼠。

在感染第3天处死小鼠(5只/组),观察形成肝脓肿的情况并取其肝、脾利用平板计数法对肝、脾中肺炎克雷伯菌数量进行统计。分析 crp 基因的缺失对肺炎克雷伯菌毒力的影响。

4. 肺炎克雷伯菌生物膜形成实验　体外激光共聚焦显微镜(confocal scanning laser microscope,CLSM)检测不同肺炎克雷伯菌黏附、生物膜厚度、形态,结晶紫染色的方法计算生物膜内活菌数。

5. 受 crp 基因调控的与细菌生物膜形成相关的基因鉴定与机制研究　比较表达谱分析体外培养野生株和突变株,分别提取 RNA,不同荧光素标记后,与肺炎克雷伯菌全基因组 DNA 芯片杂交,比较野生株和突变株中各个对应基因转录水平的变化,鉴定表达上调和下调的基因。从中挑选出与细菌生物膜形成相关的基因。通过生物信息学分析 crp 基因序列,挑出若干与生物膜形成相关的候选基因,通过定量 RT-PCR 和凝胶阻滞实验,鉴定受 CRP 直接调控的基因。

【实验结果】

阐明 crp 基因在肺炎克雷伯菌毒力调控中的作用。从 crp 基因影响细菌生物膜形成的角度阐明 crp 基因调控肺炎克雷伯菌毒力的机制。

思 考 题

1. 简述细菌生物膜的形成与其致病性及耐药性产生的密切相关。
2. crp 作为细菌毒力调控子,参与了哪些毒力调控?

(金志雄　邱　红)

五、医院鲍曼不动杆菌的分布及耐药性研究

鲍曼不动杆菌(Acinetobacter baumannii,Ab)属于不动杆菌属的一类,是院内感染中仅次于绿脓假单胞菌的又一重要非发酵糖菌。Ab 在医院的环境中分布很广且可长期存活,对危重患者和 CCU 及 ICU 中的患者威胁很大。近年来的感染在增多,且其耐药性日益严重,已被有些专家称为"MRSA"(对苯唑西林耐药的金黄色葡萄球菌),从而引起临床和微生物学者的严重关注。最近又出现"全耐药"的鲍曼不动杆菌,应引起高度警惕。

鲍曼不动杆菌的耐药机制十分复杂,包括产生耐药酶,基因突变,整合子基因扩散以及主动外排增加,菌膜通透性降低等。有报道显示不动杆菌属耐碳青霉烯类抗生素的机制主要有膜屏障,产 OXA223 等苯唑西林酶或 VIM、IMP 等金属酶。多重耐药不动杆菌对 β-内酰胺类耐药主要与产 TEM,PER 型 β-内酰胺酶和产 ADC 型 Ampc 酶相关。对氨基糖苷类耐药主要与产 aac(3)-I 型等氨基糖苷类修饰酶和产 armA 型 16srkNA 甲基化酶相关;对复方新诺明耐药主要与产 dfrA12 型二氢叶酸还原酶和 sul 1 型二氢叶酸合成酶相关;对氯霉素耐药部分与产氯霉素酰基转移酶相关。

【实验目的】

了解医院内鲍曼不动杆菌的分布及耐药性变化。

【实验材料】

（1）采集来自医院环境及人体皮肤、呼吸道、消化道和泌尿生殖道等的血、尿、脓液及呼吸道分泌物等标本。

（2）5%绵羊血平板、LB固体培养基、双糖发酵管等。

（3）微生物全自动鉴定仪、96孔-非发酵菌鉴定药敏卡、滤纸、氧化酶试剂等。

【实验方法】

1. 菌株分离、鉴定　以常规方法进行临床标本的分离培养，选取出氧化酶阴性、无鞭毛、不发酵糖类的革兰染色阴性杆菌。

2. 鉴定及药敏实验　配制分离株浓度为0.5麦氏浓度，加入鉴定卡，35℃孵育24 h，微生物全自动鉴定仪读卡。

依据生化反应结果、细菌形态特征及药敏结果，判断细菌的耐药性。

3. 医院环境标本　病房空气、呼吸机湿化水、工作人员手、台面等。

【实验结果】

（1）鲍曼不动杆菌的耐药性日益严重。

（2）需要加强病房尤其是ICU的消毒隔离，保证无菌物的品质以及呼吸机湿化水、呼吸机管道内液体的无菌指标合格，加强医务人员的无菌操作，防止鲍曼不动杆菌的暴发流行。

（金志雄　胡筱梅）

第五章

病例分析

病例一

患者,女,48岁,农民。

主诉:左手指割伤5天,发热、头痛2天。

病史:患者于5天前手指被镰刀划破,除稍加包扎外未作任何处置。包扎伤口处因洗菜等多次被水弄湿,次日手指肿痛,开始服用索米痛片(去痛片)及磺胺等。近两天自觉发热、头痛、全身不适而求医。

体检:BP 140/87 mmHg,心率100次/分,呼吸20次/分,体温37.8℃。左手食指伤口红肿,有少许黏稠黄白色分泌物,左腋窝淋巴结可触及,双肾区有叩痛,余均正常。

实验室检查:白细胞总数12×10^9/L(12 000/mm³),中性粒细胞0.8。

请回答下列问题:

(1) 根据上述病史、体检及化验结果,你认为该患者患的是什么病?

(2) 你认为还应当进行哪些检验以便确诊?

病例二

患者,男,18岁,中学生。

主诉:发热、胸痛、阵咳2天。

病史:患者参加新年晚会,因感到困倦而和衣睡在暖气包房,睡至半夜因暖气不供给而被冻醒,回家后感到鼻塞、不适。次日下午自觉发热、头痛、四肢关节酸痛、咽痒咳嗽,有少量痰,开始为白色泡沫样痰,逐渐发现带有血丝,咳嗽时有胸痛,而且头痛加重。

体检:急性热性病容,咽红,双肺听诊呼吸音减弱,偶闻及喘鸣音,胸部有压痛、体温29.4℃。白细胞总数12×10^9/L(12 000/mm³),中性粒细胞0.71,淋巴细胞0.28,嗜酸性粒细胞0.01,胸透示双肺纹理增强。

请回答下列问题:

(1) 根据上述描述,你认为该患者可能得了什么病,病原是什么?

(2) 下一步该做哪些检查以便确诊。

病例三

患者,男,20岁,大学生。

主诉：发热、全身疼痛不适1周。

病史：2周前,患者和几位同学出去野炊,回来后1周开始出现头痛、低热,口服自备的抗感冒药无效。现出现全身疼痛不适,持续发热。

体检：BP 150/90 mmHg,心率54次/min,呼吸19次/min,体温38.3℃。胸部皮肤可见玫瑰疹,肝脾轻度肿大。

实验室检查：白细胞总数3.5×10^9/L（3 500/mm³）,嗜酸性粒细胞0.001。

请回答下列问题：

(1) 根据上述病史及体检和化验结果,初步给该患者下一个诊断。

(2) 下一步应该做哪些检查？如要检测出病原,取什么标本检出率最高？

病例四

患者,女,56岁,教师。

主诉：头痛3个月余,近1周加重伴频吐。

病史：患者于2天前因"重感冒"住院,表现以头痛为主,开始在左额部,逐渐扩散至全脑,阵发性加重。伴有规律性低热,无盗汗。曾用抗结核治疗1周无效。近1周病人恶心,多次出现喷射性呕吐,曾有4次短暂意识不清,但数秒后又恢复正常。

体检：神情消瘦、痛苦病容,体温38℃,颈强,低头有痛苦感、脉搏86次/分。心、肺无阳性体征,腹软、肝脾未触及,肝区有叩痛。OT试验(+)、白细胞计数14.2×10^9/L（14 200/mm³）、中性粒细胞0.78、淋巴细胞0.22,颅内压350～400 mmHg。脑脊液混浊,蛋白(++)、糖4 mg/dl、氯87 mmol/L。

请回答下列问题：

(1) 引起脑膜炎的常见病原有哪些？

(2) 怎样采集脑脊液标本？

(3) 根据病史及体检结果,你认为该患者可能是什么病原引起的感染？怎样检出？

病例五

患者,男,28岁,职业为养鸽子。

主诉：术后1年,伤口未愈,4天前伤口破溃流脓。

病史：10年前肺部诊断为肺结核,后治愈。1年前发现右胸部有一包块逐渐增大,于院外手术切除(未作微生物检查)后伤口经久未愈,并出现破溃流脓。

体检：X线胸片显示右第2肋腋段见不规则小片状透光区,第3肋腋段处可见少量致密的碎片影,在肺中上叶见斑片状增高密度影。病理学找癌细胞阴性。血常规：白细胞19.8×10^9/L,淋巴细胞0.129,中性粒细胞0.849,嗜碱性粒细胞0.024。

请回答下列问题：

(1) 请你从微生物角度对现有资料进行疾病诊断。

(2) 请制订详细的微生物学实验室检验方案。

病例六

患者,女,18岁,学生。

主诉：1天前突然头痛、畏寒、发热。

病史：3天前，放学后回家因没带雨伞而淋湿衣服，回家后预防性喝了一点感冒药。1天前突然出现头痛、发热、全身酸痛、乏力、食欲减退而就诊。

体检：面色潮红、眼结膜外眦充血，咽部充血。体温39.5℃，白细胞数 $3.5×10^9$/L（3 500/mm³）。医生结合当时正是感冒流行期而怀疑其为流感。

请回答下列问题：

(1) 如果采集其急性期鼻咽分泌物，接种鸡胚分离病毒，为了获得较高的检出率，接种鸡胚的部位最好是（   ）。

  A. 绒毛尿囊膜   B. 卵黄囊   C. 尿囊腔   D. 羊膜腔

  E. 鸡胚胎

(2) 如经上述培养后收集病毒检测确定为流感病毒后，拟进一步鉴定流感病毒的型、亚型和毒株，应用的试验方法是（   ）。

  A. 间接凝集试验   B. 血吸试验   C. 血吸抑制试验   D. 红细胞凝集试验

  E. 血凝抑制试验

(3) 为什么流感病毒易引起流行？

(4) 在流感流行期，我们应怎样预防该疾病的发生？

病例七

患者，男，7岁，学生。

主诉：头痛、头晕10天。

病史：4年前出现无明显诱因阵发性头痛、头晕等症状。10天前因受凉后头疼症状加剧来院就诊。CT显示：① 第三脑室肿瘤；② 梗阻性脑积水。实验室检查：血常规：白细胞 $10.49×10^9$/L，淋巴细胞0.21，中性粒细胞0.79；脑脊液细菌培养阴性。2天前行第三脑室肿瘤切除术，术后患者持续发热38.0～40.0℃。血常规：白细胞 $22.13×10^9$/L，淋巴细胞0.09，中性粒细胞0.91。

请你对患者病因作出初步诊断，并提出微生物学诊断依据。

病例八

患者，男，65岁，退休工人。

主诉：乏力、肝区不适3天。

病史：无HBV感染史，4个月前因膝关节手术输新鲜全血1 500 mL，3天前感到乏力、肝区不适而就诊。

体检：巩膜无黄染，肝右肋缘下3 cm，脾未扪及。T-Bil（间接胆红素）正常，ALT（谷丙转氨酶）688 U/L、AST（谷草转氨酶）343 U/L，HBsAg（＋）、HBeAg（＋）、抗-HBc IgM（＋）。

请回答下列问题：

(1) 给该患者作一个初步诊断。

(2) 人感染乙肝病毒后，很难在血清中查出的抗原是（   ）。

A. HBsAg　　　　B. HBcAg　　　　C. HBeAg　　　　D. PreS1
E. PreS2

(3) 怀疑乙肝病毒感染,通常要查"两对半",两对半指的是什么?简述其结果的临床意义。

病例九

患者,男,35岁,建筑工人。

主诉:头痛、发热、全身不适。

病史:1987年派遣北非工作,在一次建筑事故中受伤,接受输血等治疗后回国。1991年4月出现异常行为和精神障碍,继而出现体重迅速下降(三个月下降15%),反复发热和腹泻。11月合并肺炎而住院。

体检:全身表浅淋巴结均可触及,两上肢强直,两下肢麻痹,双肺可闻水泡音,心率速,心音低钝,肝、脾未及,精神呆滞,对周围反应性极差。白细胞 7.1×10^9/L(淋巴细胞0.03),$CD4^+T/CD8^+T=0.04$。

请回答下列问题:

(1) 根据上面描述,你怀疑该患者可能得了什么疾病?
(2) 下一步应该做哪些检查以便确诊?
(3) 该疾病的筛查试验与确证试验方法是什么?
(4) 该疾病的传播途径及发病机制是什么?怎样进行预防?

(杨　靖　周琳琳)

附 录

一、实验设计

实验设计是一种新的实验形式,是指学生根据临床病例资料,作出印象诊断,确定微生物检验标本,独立设计检验程序,进行病原的分离与鉴定。这可看作是对学生实验能力的实地考核。实验设计一般放在实验教学的末尾,让学生综合运用已学过的理论知识和实验技术,自行设计实验方法,写出可行性报告。这是培养与考核学生对学过的理论和技术的综合运用能力,训练实验设计思维和初步进行科研工作的能力。

(一) 临床检测方案的设计

根据临床提供的病例资料,按以下五个方面进行微生物学的方案设计。

1. **印象诊断** 复习临床病例资料,根据所学知识进行初步病例分析,得出印象诊断以及可能的相似诊断和病原种类(如细菌、病毒或其他微生物)。

2. **标本采集** 根据临床资料和印象诊断的结果,确定微生物检验标本,包括标本种类、采集方法、处理和保存的条件等。

3. **实验设计** 根据印象诊断和所需鉴别诊断的要求以及所采取标本的种类,提出完整的实验设计。

(1) 检测程序:形态、培养及各种鉴定方法、实验步骤、整体安排等。

(2) 主要实验方法:在检测程序中所涉及的主要试验,每项试验应包括材料与方法、结果、判定标准及试验阳性的意义等。

4. **结果分析** 根据设计程序,以其可能出现的试验结果一步一步地进行推理分析。实验结果必须提供有助于临床诊断和鉴别诊断的资料,最后综合各种试验结果,提出鉴定意见及临床检验报告。

5. **进一步设想** 根据临床提供资料,广开思路,提出更深的设想。如病原可能是由不同种类微生物的感染(如细菌性、病毒性或其他微生物所致的腹泻),或出现与预期结果不同(如所有实验结果均呈阴性或相互间有矛盾)的情况时,你将如何进一步检查等。

另外,在程序上、实验方法上提出标新立异的新观点、新技术和新发明。

(二) 新方法、新技术的设计

应该看到,微生物学检查在病原学诊断上,多数手续繁杂,尤其在微生物的分离鉴定上,花费时间较长,代价较高,对于临床的及时诊断和治疗是很不适应的。因此,简易、快速的病原学诊断是亟待解决的。根据学过的形态、培养特性和生化反应特点、免疫学检测方法、现代先进的诊断技术等,设计适合于临床需要的新方法、新技术。

如脑脊液的细菌学检查，如何不拘泥于常规细菌学的培养，而是运用学过的基础理论和实验技术，去寻找或建立在细胞水平或分子水平上的敏感、快速、微量的病原学诊断方法。设计新方法、新技术可参考以下诸方面：

1. **改进培养条件** 包括培养基的配方，或促其迅速生长，或促其具有诊断价值的某些代谢产物的大量产生等。
2. **建立检测病原（抗原）的敏感方法** 包括系统检测试剂盒的设计。
3. **分子微生物学鉴定方法** 过去对细菌等的鉴定是从一般表型指征的特点进行，现已深化到基因型特征的鉴定，如细菌学 DNA 提取、DNA($G+C$)mol% 的测定、核酸杂交、核酸扩增及基因探针鉴定等。
4. **建立敏感、特异的血清学实验方法** 如免疫标记技术、单克隆抗体的应用等。
5. **自动化检测仪器的研制** 如扫描、显示、自动计数、图像分析、激光、色谱等项技术的综合应用等。

新方法、新技术的设计应针对目前感到不甚满意的项目，如病毒性感染的诊断、进出口食品检验及动植物检疫等，以及目前进展很快和有开发应用价值的项目，如分子生物学技术和常见病、多发病的检测试剂盒的研制等。

每项实验设计应包括：① 新建方法的名称；② 实验设计的原理及理论依据；③ 实验方案和方法；④ 预期结果和可能发生的问题及其解决办法。

（杨　靖　冯桂香）

二、实验室常见意外事故的处理

附表 1　实验室意外事故的处理

险　情	紧　急　处　理
火险	立即关掉电源、煤气，使用灭火器、沙土或湿布灭火
酒精、乙醚或汽油等着火	使用灭火器、沙土或湿布覆盖，勿用水灭火
衣服着火	可就地或靠墙滚动，切勿奔跑
破伤	先除尽外物，用蒸馏水冲洗，涂以碘酒或红汞
火伤	可涂 5% 鞣酸、2% 苦味酸或苦味酸铵苯甲酸丁酯油膏，或甲紫液等
灼伤	
强酸、溴、氯、磷等酸性药品的灼伤	先以大量清水冲洗再用 5% 重碳酸钠或氢氧化铵溶液擦洗以中和酸
强碱、NaOH、金属钠、钾等碱性药品的灼伤	先以大量清水冲洗再用 5% 硼酸溶液或醋酸溶液冲洗以中和碱以浓酒精擦洗
苯酚灼伤	先以大量清水冲洗
眼灼伤	
眼碱灼伤	5% 硼酸溶液冲洗，然后再滴加橄榄油或液状石蜡 1～2 滴以滋润眼睛
眼酸灼伤	5% 碳酸氢钠冲洗，然后再滴加橄榄油或液状石蜡 1～2 滴以滋润眼睛
食入腐蚀性物质	
食入酸	立即以大量清水漱口，并服牛乳等，勿服催吐药
食入碱	立即以大量清水漱口，并服 5% 醋酸、食醋、柠檬汁或油类、脂肪
食入苯酚或甲酚皂溶液	用 40% 乙醇漱口，并喝大量烧酒，再服用催吐剂使其吐出

(续表)

险 情	紧 急 处 理
吸入菌液	
吸入非致病性菌液	立即以大量清水漱口,再用1:1 000过锰酸钾溶液漱口
吸入致病性菌液	立即以大量清水漱口,再用1:1 000硝甲酚汞(米他芬)、3% H_2O_2
吸入葡萄球菌、链球菌、肺炎球菌等	或1:1 000高锰酸钾溶液漱口
吸入白喉棒状杆菌	经上法处理后,并注射1 000 U的白喉抗毒素以预防感染
吸入伤寒、霍乱、痢疾、布鲁菌等菌液	经上法处理后,并注射疫苗及抗生素以预防患病

(杨 靖 李晓花)

三、菌种保存

(一) 菌种保存原理

微生物具有容易变异的特性,因此,在保存过程中,必须使微生物的代谢处于最不活跃或相对静止的状态,才能在一定的时间内使其不发生变异而又保持生活能力。微生物菌种保藏对于微生物菌种的研究和利用至关重要。

低温、干燥和隔绝空气是使微生物代谢能力降低的重要因素,所以,菌种保存方法虽多,但都是根据这三个因素而设计的。

(二) 各种菌种保存法的应用范围及优缺点

以下是目前国际、国内常用的菌种保藏方法,包括:定期移植法、液体石蜡法、沙土管法、真空冷冻干燥法、80℃冰箱冻结法、液氮超低温冻结法、固体曲保藏法、蒸馏水保藏法等。

1. **定期移植法** 亦称传代培养保藏法,包括斜面培养、穿刺培养、液体培养等。是指将菌种接种于适宜的培养基中,最适条件下培养,待生长充分后,于4～6℃进行保存并间隔一定时间进行移植培养的菌种保藏方法。操作步骤如下。

(1) 培养基制备:培养基制备过程中所用的一些玻璃器皿,如三角瓶、试管、培养皿、烧杯、吸管等,经洗涤、干燥、包装、灭菌后使用。先在烧杯中放适量水,按培养基配方称取各项材料,依次将缓冲化合物、主要元素、微量元素、维生素等材料加入水中溶解,最后加足水量,搅拌均匀。配料溶解后将培养基冷却至室温,根据要求加稀酸(0.1 mol/L盐酸)或稀碱(10%氢氧化钠)调pH。加酸或碱液时要缓慢、少量、多次搅拌,防止局部过碱或过酸而导致测量不准确和营养成分被破坏。配制固体培养基时需加凝固剂,如琼脂、明胶等。将凝固剂加入液体培养基中,加热并不断搅拌至融解,再补足所蒸发水分。在二层纱布中间夹入脱脂棉,将配好的培养基趁热过滤并分装。斜面培养基分装量约为试管高度的四分之一(4～5 mL),穿刺培养基分装量以试管高度的二分之一为宜。分装过程中勿使培养基沾污管口,以免弄湿棉塞造成污染。

将试管加棉塞,外面包扎一层牛皮纸或铝箔并注明培养基名称及配制日期。根据要求将培养基灭菌,通常蒸汽灭菌为121℃,15～20 min。灭菌后及时摆放斜面,斜面长度不超过试管管长的二分之一为宜。将灭菌的培养基放入培养箱中作无菌检验,通常30℃培养1～3 d。无菌检查合格后将其保存于4℃下备用。

(2) 接种:

1) 斜面接种:① 点接:把菌种点接在斜面中部偏下方处。适用于扩散型生长及绒毛状气生菌丝类霉菌(如毛霉、根霉等)。②中央划线:从斜面中央自下而上划一直线。适用于细菌和酵母菌等。③稀波状蜿蜒划线法:从斜面底部自下而上划"之"字形线。适用于易扩散的细菌,也适用于部分真菌。④密波状蜿蜒划线法:从斜面底部自下而上划密"之"字形线。能充分利用斜面获得大量菌体细胞,适用于细菌和酵母菌等。⑤挖块接种法:挖取菌丝体连同少量培养基,转接到新鲜斜面上。适用灵芝等担子菌类真菌。

2) 穿刺接种:用接种针从原菌种斜面上挑取少量菌体,从柱状培养基中心自上而下刺入,直到接近管底(勿穿到管底),然后沿原穿刺途径慢慢抽出接种针。适用于细菌和酵母菌等。

3) 液体接种:挑取少量固体斜面菌种或用无菌滴管等吸取原菌液接种于新鲜液体培养基中。

(3) 培养:将接种后的培养基放入培养箱中,在适宜的条件下培养至细胞稳定期或得到成熟孢子。细菌培养温度一般为30~37℃,真菌培养温度一般为25~28℃。

(4) 保藏:培养好的菌种于4~6℃保存,根据要求每3~6个月移植一次。某些菌种,如芽裂酵母,阿舒假囊酵母,棉病囊霉等,须1~3个月移植一次。

保藏湿度用相对湿度表示,通常为50%~70%。

斜面菌种应保藏相继三代培养物以便对照,防止因意外和污染造成损失。

2. **液体石蜡法** 亦称矿物油保藏法,定期移植保藏法的辅助方法。此法是指将菌种接种在适宜的斜面培养基上,最适条件下培养至菌种长出健壮菌落后注入灭菌的液体石蜡,使其覆盖整个斜面,再直立放置于低温(4~6℃)干燥处进行保存的一种菌种保藏方法。操作步骤如下。

(1) 液体石蜡的准备:选用优质化学纯液体石蜡,将液体石蜡分装加塞,用牛皮纸包好,采用以下两种方式进行灭菌:

1) 121℃湿热灭菌30 min,置40℃恒温箱中蒸发水分,经无菌检查后备用。

2) 160℃干热灭菌2 h,冷却后,经无菌检查后备用。

(2) 斜面培养物的制备:参照定期移植法。

(3) 灌注石蜡:将无菌的液体石蜡在无菌条件下注入培养好的新鲜斜面培养物上,液面高出斜面顶部1 cm左右,使菌体与空气隔绝。

(4) 保藏:注入液体石蜡的菌种斜面以直立状态置低温(4~6℃)干燥处保藏,保藏时间2~10年。保藏期间应定期检查,如培养基露出液面,应及时补充无菌的液体石蜡。

(5) 恢复培养:恢复培养时,挑取少量菌体转接在适宜的新鲜培养基上,生长繁殖后,再重新转接一次。

3. **沙土管法** 操作步骤如下。

(1) 沙土管制备:将河沙用60目筛子过筛,弃去大颗粒及杂质,再用80目筛子过筛,去掉细沙。用吸铁石吸去铁质,放入容器中用10%盐酸浸泡,如河沙中有机物较多可用20%盐酸浸泡。24 h后倒去盐酸,用水洗泡数次至中性,将沙子烘干或晒干。

另取地面下40~60 cm非耕作层贫瘠且黏性较小的土,研碎,100目过筛,水洗至中性,烘干。

将处理后的沙、土按质量比2:1混合。混匀的沙土分装入安瓿管或小试管中,高度为 1 cm 左右,塞好棉塞,121℃湿热灭菌 30 min。

随机抽取灭菌后的砂土管若干支,无菌条件下取少许砂土至营养肉汁培养基中,30℃培养 24 h,检查无微生物生长后方可使用。

(2) 斜面培养物的制备:参照定期移植法。

(3) 制备菌悬液:向培养好的斜面培养物中注入 3~5 mL 无菌水,洗下细胞或孢子制成菌悬液。用无菌吸管吸取菌悬液,均匀滴入沙土管中,每管 0.2~0.5 mL。放线菌和霉菌可直接挑取孢子拌入沙土管中。

(4) 干燥:真空抽去沙土管中水分。

(5) 保藏:将沙土管用火焰熔封后存放于低温(4~6℃)干燥处保藏,每隔半年检查一次菌种存活性及纯度。或将沙土管直接用牛皮纸或塑料纸包好,置干燥器内保存。

保藏时间 2~10 年。

(6) 恢复培养:无菌条件下打开沙土管,取部分沙土粒于适宜的斜面培养基上,长出菌落后再转接一次。或取沙土粒于适宜的液体培养基中,增殖培养后再转接斜面。

4. 真空冷冻干燥法 该方法是将微生物冷冻,在减压下利用升华作用除去水分,使细胞的生理活动趋于停止,从而长期维持存活状态。操作步骤如下。

(1) 好氧菌冷冻干燥管的制备:

1) 安瓿管准备:安瓿管材料以中性玻璃为宜。清洗安瓿管时,先用 2% 盐酸浸泡过夜,自来水冲洗干净后,用蒸馏水浸泡至 pH 中性,干燥后、贴上标签,标上菌号及时间,加入脱脂棉塞后,121℃下高压灭菌 15~20 min,备用。

2) 保护剂的选择和准备:保护剂种类要根据微生物类别选择。配制保护剂时,应注意其浓度及 pH,以及灭菌方法。如血清,可用过滤灭菌;牛奶要先脱脂,用离心方法去除上层油脂,一般在 100℃ 间歇煮沸 2~3 次,每次 10~30 min,备用。

3) 冻干样品的准备:在最适宜的培养条件下将细胞培养至静止期或成熟期,进行纯度检查后(参见中华人民共和国科学技术部国家自然科技资源平台联合管理办公室文件《微生物菌种纯度检测技术规程》(试行)),与保护剂混合均匀,分装。微生物培养物浓度以细胞或孢子不少于 10^8~10^{10} 个/mL 为宜(以大肠杆菌为例,为了取得每毫升 10^{10} 个活细胞菌液 2~2.5 mL,只需 10 mL 琼脂斜面两支)。采用较长的毛细滴管,直接滴入安瓿管底部,注意不要溅污上部管壁,每管分装量约 0.1~0.2 毫升,若是球形安瓿管,装量为半个球部。若是液体培养的微生物,应离心去除培养基,然后将培养物与保护剂混匀,再分装于安瓿管中。分装安瓿管时间尽量要短,最好在 1~2 h 内分装完毕并预冻。分装时应注意在无菌条件下操作。

4) 预冻:一般预冻 2 h 以上,温度达到 -20~35℃ 左右。

5) 冷冻干燥:采用冷冻干燥机进行冷冻干燥。将冷冻后的样品安瓿管置于冷冻干燥机的干燥箱内,开始冷冻干燥,时间一般为 8~20 h。

6) 真空封口及真空检验:将安瓿管颈部用强火焰拉细,然后采用真空泵抽真空,在真空条件下将安瓿管颈部加热熔封。熔封后的干燥管可采用高频电火花真空测定仪测定真空度。

7) 保藏:安瓿管应低温避光保藏。

8）质量检查：冷冻干燥后抽取若干支安瓿管进行各项指标检查，如存活率、生产能力、形态变异、杂菌污染等。

（2）厌氧菌冷冻干燥管的制备：主要程序与需氧菌操作相同，注意保护剂的选择和准备，保护剂使用前应在100℃的沸水中煮沸15 min左右，脱气后放入冷水中急冷，除掉保护剂中的溶解氧。

（3）复苏方法：

1）先用70％酒精棉花擦拭安瓿上部。

2）将安瓿管顶部烧热。

3）用无菌棉签蘸冷水，在顶部擦一圈，顶部出现裂纹，用锉刀或镊子颈部轻叩一下，敲下已开裂的安瓿管的顶端。

4）用无菌水或培养液溶解菌块，使用无菌吸管移入新鲜培养基上，进行适温培养。

5．−80℃ 冰箱冻结法　将菌种保藏在−80℃冰箱中以减缓细胞的生理活动进行冷冻的一种保藏方法。操作步骤如下。

（1）安瓿管的准备：安瓿管材料以中性玻璃为宜。清洗安瓿管时，先用2％盐酸浸泡过夜，自来水冲洗干净后，用蒸馏水浸泡至pH中性，干燥后、贴上标签，标上菌号及时间，加入脱脂棉塞后，121℃下高压灭菌15～20 min，备用。

（2）保护剂的选择和准备：保护剂种类要根据微生物类别选择。配制保护剂时，应注意其浓度及pH值，以及灭菌方法。如血清，可用过滤灭菌；牛奶要先脱脂，用离心方法去除上层油脂，一般在100℃间歇煮沸2～3次，每次10～30 min，备用。

（3）微生物保藏物的准备：同"冻干样品的准备"。

（4）冻结保藏：将安瓿管或塑料冻存管置于−80℃冰箱中保藏。

（5）复苏方法：从冰箱中取出安瓿管或塑料冻存管，应立即放置38～40℃水浴中快速复苏并适当快速摇动。直到内部结冰全部溶解为止，需50～100 s。开启安瓿管或塑料冻存管，将内容物移至适宜的培养基上进行培养。

6．液氮超低温冻结法　液氮超低温保藏技术是将菌种保藏在−196℃的液态氮，或在−150℃的氮气中的长期保藏方法，它的原理是利用微生物在−130℃以下新陈代谢趋于停止而有效地保藏微生物。操作步骤如下。

（1）安瓿管或冻存管的准备：用圆底硼硅玻璃制品的安瓿管，或螺旋口的塑料冻存管。注意玻璃管不能有裂纹。将冻存管或安瓿管清洗干净，121℃下高压灭菌15～20 min，备用。

（2）保护剂的准备：保护剂种类要根据微生物类别选择。配制保护剂时，应注意其浓度，一般采用10％～20％甘油。

（3）微生物保藏物的准备：微生物不同的生理状态对存活率有影响，一般使用静止期或成熟期培养物。分装时注意应在无菌条件下操作。菌种的准备可采用下列几种方法。

1）刮取培养物斜面上的孢子或菌体，与保护剂混匀后加入冻存管内。

2）接种液体培养基，振荡培养后取菌悬液与保护剂混合分装于冻存管内。

3）将培养物在平皿培养，形成菌落后，用无菌打孔器从平板上切取一些大小均匀的小块（直径为5～10 mm），真菌最好取菌落边缘的菌块，与保护剂混匀后加入冻存管内。

4) 在小安瓿管中装 1.2~2 mL 的琼脂培养基,接种菌种,培养 2~10 d 后,加入保护剂,待保藏。

(4) 预冻:预冻时一般冷冻速度控制在以每 min 下降 1℃ 为好、使样品冻结到 -35℃。目前常用的有三种控温方法:

1) 程序控温降温法,应用电子计算机程序控制降温装置,可以稳定连续降温,能很好地控制降温速率。

2) 分段降温法:将菌体在不同温级的冰箱或液氮罐口分段降温冷却,或悬挂于冰的气雾中逐渐降温。一般采用二步控温,将安瓿管或塑料小管,先放于 -20~-40℃ 冰箱中 1~2 h,然后取出放入液氮罐中快速冷冻。这样冷冻速率大约每 min 下降 1~1.5℃。

3) 对耐低温的微生物、可以直接放入气相或液相氮中。

(5) 保藏:将安瓿管或塑料冻存管置于液氮罐中保藏。一般气相中温度为 -150℃,液相中温度为 -196℃。

(6) 复苏方法:从液氮罐中取出安瓿管或塑料冻存管,应立即放置在 38~40℃ 水浴中快速复苏并适当摇动。直到内部结冰全部溶解为止,一般需 50~100 s。开启安瓿管或塑料冻存管,将内容物移至适宜的培养基上进行培养。

7. 固体曲保藏法

(1) 称取定量的麸皮(或去壳玉米、小米),加水拌匀,一般按麸皮:水=1:(0.8~1.5)的量加入水分(各菌对水分要求不同,可适当增减)。分装于试管内,约 1.5 cm 高,不要压紧,加棉塞后灭菌。

(2) 将菌种接入冷却的麸皮试管中,适温培养至孢子长满后,将麸皮试管放入装有 $CaCl_2$ 等吸湿剂的干燥容器内,室温干燥后,置 20℃ 以下或用石蜡封口低温保存。

(3) 使用时,用接种针挑取少量带菌麸皮,移接到新鲜培养基上即可。

8. 蒸馏水保藏法　将菌体悬浮在蒸馏水中进行保藏。方法简单,适合用于酵母菌、细菌、放线菌和真菌的保藏。

(1) 每试管装 5 mL 的蒸馏水,塞好棉塞,灭菌。

(2) 用接种环取一环已培养好的细胞移入无菌蒸馏水中制成悬液,或斜面培养物上加 6 mL 无菌蒸馏水制成悬液,然后移至试管中。

(3) 将棉塞改换成已灭菌的橡皮塞(用螺旋盖更佳)或密封后于 10℃ 或室温下保存。

(4) 使用时,从保藏悬液中移出一环于培养基上培养即可。

(杨　靖　付红霞)

四、常用试剂及培养基制备

(一) 革兰染色液

1. 结晶紫染液　用天平量取结晶紫 5 g 放乳钵内研碎,一面研磨一面徐徐加入 95% 酒精使之溶解。加入酒精全量为 100 mL,制成酒精饱和液(原液)。取原液 20 mL,与 1% 草酸铵水溶液 80 mL 混合,用滤纸过滤。供革兰染色初染用。

2. 卢戈碘液　碘 1 g,碘化钾 2 g,蒸馏水 300 mL。配法是先用数 mL 蒸馏水溶解碘化钾,然后加碘使其全溶解,最后加蒸馏水至 300 mL。供革兰染色媒染用。

3. 酒精　95%酒精。

4. 稀释苯酚复红染液　首先，取碱性复红 10 g 和 95%酒精 100 mL，按上述方法(同 1.)制成复红酒精饱和液。取复红饱和液 10 mL，与 5%苯酚水溶液 90 mL 混合，用滤纸过滤，再用蒸馏水稀释 10 倍。供革兰染色复染用。

(二) Leifson 染色液

Ⅰ 液碱性复红 1.2 g、95%乙醇 100 mL。

Ⅱ 液丹宁酸 3 g、蒸馏水 100 mL。如加 0.2%苯酚，可长期保存。

Ⅲ 液 NaCl 1.5 g、蒸馏水 100 mL。

染色液贮存在磨口瓶中。在室温下较稳定。使用前将上述溶液等体积混合。此混合液贮于密封性良好的瓶中置于冰箱可保存数星期。在较高温度下会因混合液发生化学变化而使着色力日益减弱。

(三) 乙酰甲基甲醇试验试剂(V-P 试剂)

Ⅰ液 5% α-萘酚酒精溶液，称取 5 g α-萘酚，用无水酒精溶液定容至 100 mL。

Ⅱ液 40% KOH 溶液，称取 4 g KOH，蒸馏水溶解定容至 100 mL。

(四) 溶血毒素

使用时可按溶血毒素制品标明之效价及用法，加入 pH 6.5 缓冲液溶解，置于 37℃水浴 10 min，使内含溶血毒素充分激活即可使用，并于 30 min 内使用完毕。

(五) 齐-尼氏抗酸染色液(Ziehl-neelsen)

1. 苯酚复红液　称取碱性复红 10 g 研磨，95%酒精溶解后终体积为 100 mL，制成复红酒精饱和液。取此饱和液 10 mL 与 5%苯酚水溶液 90 mL 混合，用滤纸过滤即可使用(此染液与革兰染液所用的苯酚复红液不同之处是不需要 10 倍稀释)。

2. 3%盐酸酒精　取浓盐酸 3 mL，95%酒精 97 mL 混合。

3. 碱性亚甲蓝染液　首先取亚甲蓝 5~7 g 和 100 mL 酒精制成亚甲蓝酒精饱和液。再取亚甲蓝饱和液 30 mL，与 0.1%氢氧化钾水溶液 100 mL 混合，用滤纸过滤即成(此溶液越陈旧，染色效果越好)。

(六) 乳酸苯酚棉蓝染色液

苯酚 10 g、乳酸(比重 1:21)10 mL、甘油 20 mL、蒸馏水 10 mL、棉蓝(cottonblue) 0.02 g。将苯酚加在蒸馏水中加热溶解，然后加入乳酸和甘油，最后加入棉蓝，使其溶解即成。

(七) 药物敏感纸片

取普通滤纸用打孔机打成直径 6 mm 的圆形纸片，浸于一定浓度的抗生素中，每枚纸片的药物含量：青霉素 1 U，其他抗生素 10 μg，磺胺 100 μg。

(八) LB 培养基

蛋白胨 3.0 g、酵母浸出粉 1.5 g、NaCl 3.0 g、葡萄糖 0.6 g、ddH_2O 300.0 mL。

(九) 单糖发酵管

1. 成分　蛋白胨 1 g、牛肉膏 0.3 g、氯化钠 0.5 g、糖类 0.5%~1.5%、蒸馏水 100 mL、溴甲酚紫指示剂 1 mL。

2. 制法

(1) 将上述成分加热溶解后，调整 pH 至 7.1~7.2。

(2) 分装试管,115℃高压灭菌 10 min。

(3) 如需观察产气,可于每一试管中加小导管 1 支。

(十)蛋白胨水培养基

1. 成分 蛋白胨 10 g、氯化钠 5 g、蒸馏水 1 000 mL。

2. 制法 蛋白胨、氯化钠溶于蒸馏水中,调整 pH 为 7.2,分装试管,121℃高压蒸汽灭菌 15 min 备用。

3. 吲哚试剂 对二甲基氨基苯甲醛 2 g、95%乙醇 190 mL、浓盐酸 40 mL。

(十一)葡萄糖蛋白胨水培养基

1. 成分 蛋白胨 7 g、K_2HPO_4 5 g、葡萄糖 5 g、蒸馏水 1 000 mL,pH 7.2。

2. 制法 将上述成分溶解后,分装试管,每管 2 mL,121℃高压灭菌 15 min。

3. 甲基红试验试剂 甲基红 0.1 g、95%乙醇 300 mL,蒸馏水 200 mL。

(十二)枸橼酸盐培养基

1. 成分 磷酸二氢铵 0.1 g、氯化钠 0.5 g、磷酸氢二钾 0.1 g、琼脂 2 g、枸橼酸钠 0.23 g、蒸馏水 100 mL、硫酸镁 0.02 g、溴麝香草酚蓝 0.008 g,pH 7.0。

2. 制法 先将盐类溶解于水内,校正 pH,再加琼脂,加热溶化后,加入指示剂,混匀后分装试管,121℃高压灭菌 15 min,摆放成斜面。

(十三)醋酸铅培养基

1. 成分 肉汤液琼脂 100 mL、硫代硫酸钠 0.25 g。

2. 制法

(1) 将上述成分加热溶解、分装试管,调整 pH 7.0,121℃高压灭菌 15 min。

(2) 取出试管,冷却至 60℃,以无菌操作法加入经间歇灭菌的 10%醋酸铅溶液 0.5 mL,随即混匀分装试管,直立静置待其凝固后即可使用。

(十四)尿素琼脂培养基

1. 成分 蛋白胨 0.1 g、氯化钠 0.5 g、磷酸二氢钾 0.2 g、0.4%酚红液 0.3 mL、琼脂 2 g;10%葡萄糖溶液 1 mL,20%尿素溶液 10 mL,蒸馏水 100 mL。

2. 制法

(1) 将蛋白胨、氯化钠、磷酸二氢钾及琼脂混合于蒸馏水内,加热使其完全溶解,调整 pH 7.0,脱脂棉过滤。

(2) 加入酚红溶液,混匀,121℃高压灭菌 15 min。

(3) 待冷却至 60℃时加入无菌葡萄糖液及尿素溶液(尿素溶液应经赛氏滤菌器除菌)。

(4) 混匀,分装试管制成斜面。

(5) 凝固后置 35℃孵育 24 h,如无细菌生长即可使用。

(十五)巧克力琼脂培养基

1. 成分 肉浸液琼脂 100 mL、纤维羊血 10 mL,pH 7.4。

2. 制法 高压蒸汽灭菌法加热肉浸液琼脂,在 90℃时加无菌血液,混匀培养基呈巧克力色,可制成斜面或平板。

(十六)SS 琼脂培养基

1. 成分 牛肉膏 5 g、枸橼酸铁 1 g、蛋白胨 5 g、1%煌绿 0.033 mL、乳糖 10 g、1%中

性红 0.25 mL、胆盐 8.5 g、琼脂 15 g、枸橼酸钠 10 g、水 1 000 mL、硫代硫酸钠 8.5 g，pH 7.0。

2. 制法 ① 加热溶解琼脂、牛肉膏于蒸馏水中，再用 2~3 层纱布过滤。② 除中性红、煌绿外，其余成分加入已过滤的琼脂内，摇匀溶解，稍微加热。③ 调整 pH，加入中性红、煌绿溶液摇匀，再煮沸一次（无须灭菌）。④ 待冷却至 55℃ 左右，倾注平皿。

3. 用途 SS 琼脂培养基是一种强选择性培养基，其中的胆盐能抑制革兰阳性菌，枸橼酸钠和煌绿能抑制大肠杆菌，硫代硫酸钠能缓和胆盐对痢疾杆菌与沙门菌的有害作用，主要用于粪便中沙门菌属及志贺菌属细菌的分离。

（十七）伊红美蓝（EMB）培养基

1. 成分 蛋白胨 10 g、乳糖 10 g、氯化钠 5 g、琼脂 25 g、水 1 000 mL；2% 伊红溶液 20 mL、0.5% 美蓝溶液 20 mL。

2. 制法 ① 将蛋白胨、氯化钠、琼脂称好，加水 1 000 mL 使之溶解，校正 pH 7.4 后过滤并补足水，121℃ 灭菌 20 min。② 加入 2% 伊红溶液 20 mL，0.5% 美蓝溶液 20 mL，115℃ 高压 20 min，冷却至 50℃ 左右倾注平板，凝固后存冰箱备用。注意高压以后方可再加乳糖。

3. 用途 鉴别培养基，用于肠道沙门菌属、志贺菌属致病菌的分离培养，也用于菌群调查。

（十八）疱肉培养基

1. 成分 牛肉渣 1 g、牛肉浸液（或肉膏汤）8 mL。

2. 制法
(1) 将做牛肉浸液的牛肉渣，装入试管，高约 3 cm。
(2) 加入牛肉浸液或牛肉膏汤（pH 7.6）约 5 mL（比肉渣高 1 倍）。
(3) 液面上加入已熔化的凡士林，高约 0.5 cm。
(4) 121℃ 高压灭菌 20~30 min 后保存于冰箱内备用。

（十九）牛乳培养基

1. 成分 新鲜脱脂牛乳 100 mL、1.6% 溴甲酚紫酒精溶液 0.1 mL。

2. 制法
(1) 将新鲜牛乳置烧瓶中，水浴煮沸 15~20 min，冷后放入冰箱内 2 h。
(2) 用吸管吸取下层脱脂牛乳，盛于另一烧瓶内，上层乳脂弃去。
(3) 于 100 mL 脱脂牛乳中加入 1.6% 溴甲酚紫指示剂 0.1 mL 混匀，分装试管内，每管约 6~8 mL。
(4) 于每管表面加入熔化的凡士林，厚度为 5 mm。
(5) 高压蒸汽 8 lb（113℃）灭菌 20 min（或流通蒸汽间歇灭菌 3 次），于 37℃ 放置 24~48 h，若无细菌生长即可使用。

（二十）吕氏血清培养基

1. 成分 1% 的葡萄糖肉汤（pH 7.4）1 份、动物血清 3 份。

2. 制法 将上述成分混合，分装于无菌试管（15 mm×150 mm）内，每管约 5 mL，斜置于血清凝固器中，间歇灭菌后，置 37℃ 温箱 24 h，若无细菌生长即可应用。

3. 用途　用于培养白喉棒状杆菌。

(二十一) 亚碲酸钾血琼脂培养基

1. 成分　肉浸液琼脂(pH 7.4～7.6)100 mL、1%亚碲酸钾水溶液 2 mL、5%胱氨酸水溶液 2 mL、脱纤维羊血或兔血 5～10 mL。

2. 制法　加热溶化已灭菌的肉浸液琼脂,待冷却至 50℃左右,加入已灭菌的亚碲酸钾、胱氨酸溶液及无菌脱纤维血,混匀,倾入无菌平皿,凝固后备用。

3. 用途　分离和鉴别白喉棒状杆菌。

白喉棒状杆菌能使亚碲酸钾还原为金属碲,所以菌落带黑色。亚碲酸钾可抑制标本中的革兰阴性菌及葡萄球菌、链球菌的生长,有利于白喉杆菌的检出。

注意亚碲酸钾溶液不耐高温。

(二十二) 结核分枝杆菌分离培养基

1. 成分　磷酸二氢钾 2.4 g、蒸馏水 600 mL、枸橼酸镁 0.6 g、马铃薯淀粉 30 g、硫酸镁($MgSO_4 \cdot 7H_2O$)0.24 g、新鲜鸡蛋液 1 000 mL(约 30 个)、天门冬酰胺 3.6 g、2%孔雀绿水溶液 20 mL、甘油 12 mL。

2. 制法　① 磷酸二氢钾、枸橼酸镁、硫酸镁、天门冬酰胺、甘油及蒸馏水混合于烧瓶内,于沸水浴中加热溶解;② 马铃薯淀粉加于上述溶液中,边加边搅,使成均匀糊状,在沸水浴中加热 30 min;③ 清水洗净鸡蛋外壳,75%乙醇浸泡 30 min,无菌纱布擦干,破壳,收集蛋黄、白于盛有玻璃珠的无菌烧瓶内,摇散混匀后加入上述已冷至 65℃的溶液中;④ 加入 2%孔雀绿水溶液 20 mL,充分摇匀。分装于无菌试管中,斜置血清凝固器内间歇灭菌。

3. 用途　用于结核分枝杆菌的分离培养。

培养基诸成分中,蛋黄含脂质生长因子,能刺激分枝杆菌生长;孔雀绿能抑制杂菌生长,便于分离和长期培养。

(二十三) 改良罗氏培养基

1. 成分　味精(谷氨酸钠 95%以上)10.8 g、磷酸二氢钾 3.6 g、硫酸镁 0.36 g、枸橼酸镁 0.9 g、甘油(丙三醇)18 mL、蒸馏水 900 mL、马铃薯淀粉 45 g、全卵液 1 500 mL、2%孔雀绿 30 mL。

2. 制备　各盐类成分溶解后,加马铃薯淀粉,混匀,沸水锅内煮沸 30～40 min(其间不时摇动,防凝块)呈糊状,待冷后,加入经消毒纱布过滤的新鲜全卵液 1 500 mL,混匀。加 2%孔雀绿 30 mL,混匀。

(二十四) PNB 培养基

称取 210 mg 对硝基苯甲酸(PNB)用丙二醇溶解,然后加入 420 mL 改良培养基,分装,灭菌。

(二十五) TCH 培养基

称取 5 mg 噻吩-2-羧酸肼(TCH)用 10 mL 灭菌蒸馏水溶解,然后取 4.2 mL 加入 420 mL 改良培养基中,分装,灭菌。

(二十六) 沙氏葡萄糖琼脂培养基(SDA)

1. 成分　蛋白胨 10 g、葡萄糖 40 g、琼脂 20 g、蒸馏水 1 000 mL。

2. 制法　蛋白胨、葡萄糖、琼脂放于烧瓶内,加蒸馏水 1 000 mL 煮沸,待琼脂溶解后分装于试管或小烧瓶内，塞棉塞，121℃高压灭菌 15 min。

注意：为了防止细菌生长，对培养基灭菌后待冷至 45℃左右时，每 100 mL 培养基中加入 2 000 U 青霉素和 1 000 μg 链霉素。

（杨 靖 王 娅）

五、国家临床执业医师医学综合笔试大纲（医学微生物学部分，2016 年）

单 元	细 目	要 点
一、微生物的基本概念	定义与分类	（1）微生物和医学微生物的定义 （2）三大类微生物及其特点
二、细菌的形态与结构	1. 细菌的形态	细菌的三种形态及测量单位
	2. 细菌的基本结构	（1）细菌基本结构的构成 （2）肽聚糖的结构 （3）革兰阳性菌和阴性菌细胞壁的结构和医学意义 （4）细菌胞质内与医学有关的重要结构与意义
	3. 细菌的特殊结构	（1）荚膜及其与细菌致病性的关系 （2）鞭毛及其与医学的关系 （3）菌毛的定义、分类及其与医学的关系 （4）芽胞及其与医学的关系
	4. 细菌形态与结构的检查法	革兰染色的步骤、结果判定和医学意义
三、细菌的生理	1. 细菌生长繁殖的条件	（1）细菌生长繁殖的基本条件与方式 （2）根据对氧需求进行细菌分类
	2. 细菌的分解和合成代谢	（1）细菌生化反应的原理 （2）由细菌产生并与医学有关的主要合成代谢产物
	3. 细菌的人工培养	（1）培养基的概念 （2）细菌在液体和固体培养基中的生长现象 （3）细菌人工培养在医学中的应用
四、消毒与灭菌	1. 基本概念	消毒、灭菌、无菌、抑菌和防腐的概念
	2. 物理灭菌法	（1）热力灭菌法的种类及其应用 （2）射线灭菌法的原理和应用
	3. 化学消毒灭菌法	常用化学消毒剂的种类、浓度和应用
五、噬菌体	1. 噬菌体的生物学性状	噬菌体的概念、形态、化学组成及主要应用
	2. 毒性噬菌体和温和噬菌体	（1）毒性噬菌体的概念 （2）温和噬菌体的概念及其与细菌遗传物质转移的关系
六、细菌的遗传与变异	1. 细菌遗传与变异的物质基础	细菌遗传物质的种类
	2. 细菌遗传与变异的机制	（1）转化、接合、转导、溶原性转换的概念 （2）耐药质粒及其与耐药性的关系
七、细菌的感染与免疫	1. 正常菌群与机会性致病菌	（1）正常菌群、机会性致病菌、菌群失调、菌群失调症的概念 （2）机会性致病菌的致病条件
	2. 医院感染	（1）医院感染的来源 （2）医院感染的控制
	3. 细菌的致病性	（1）细菌的毒力 （2）细菌内、外毒素的主要区别

(续表)

单　元	细　目	要　点
	4. 宿主的非特异性免疫力	(1) 固有免疫(非特异性免疫)的组成
		(2) 吞噬细胞吞噬作用的后果
		(3) 胞外菌感染、胞内菌感染及外毒素致病的免疫特点
	5. 感染的发生与发展	(1) 细菌感染的来源
		(2) 菌血症、毒血症、败血症、脓毒血症的概念
八、细菌感染的检查方法与防治原则	1. 细菌学诊断	(1) 标本的采集原则
		(2) 检验程序
	2. 血清学诊断	常用的血清学诊断方法
	3. 人工主动免疫和人工被动免疫	(1) 适应性免疫(特异性免疫)的获得方式
		(2) 人工免疫的概念和常用的免疫制剂
九、病原性球菌	1. 葡萄球菌属	(1) 形态、染色和分类
		(2) 致病物质的种类和所致疾病
		(3) 致病性葡萄球菌的鉴别要点
	2. 链球菌属	(1) 形态、染色和分类
		(2) 致病物质的种类和所致疾病
		(3) 链球菌溶血素和临床检测的关系
	3. 肺炎链球菌	(1) 形态和染色
		(2) 主要致病物质与所致疾病
	4. 脑膜炎奈瑟氏菌	(1) 生物学性状
		(2) 主要致病物质和所致疾病
		(3) 标本采集和分离鉴定
	5. 淋病奈瑟氏菌	(1) 形态、染色、致病物质及所致疾病
		(2) 防治原则
十、肠道杆菌	1. 肠道杆菌的共同特征	(1) 形态、染色和结构
		(2) 生化反应的特点
	2. 埃希菌属	(1) 致病性大肠杆菌的种类
		(2) 肠出血型大肠杆菌的血清型及所致疾病
		(3) 大肠杆菌在卫生细菌学检查中的应用
	3. 志贺菌属	(1) 种类、致病物质及所致疾病
		(2) 标本采集、分离培养与鉴定
	4. 沙门菌属	(1) 主要致病菌种类、致病物质、所致疾病
		(2) 肠热症的标本采集及分离鉴定
		(3) 肥达试验和结果判断
十一、弧菌属	1. 霍乱弧菌	(1) 生物学性状
		(2) 致病物质及所致疾病
	2. 副溶血性弧菌	所致疾病
十二、厌氧性杆菌	1. 厌氧芽孢梭菌	(1) 破伤风梭菌生物学性状、致病物质、所致疾病和防治原则
		(2) 产气荚膜梭菌的生物学性状、致病物质、所致疾病、微生物学检查和防治原则
		(3) 肉毒梭菌形态、致病物质及所致疾病
	2. 无芽孢厌氧菌	致病条件、感染特征及所致疾病种类
十三、棒状杆菌属	白喉棒状杆菌	(1) 形态、染色、致病物质及所致疾病
		(2) 微生物学检查和防治原则
十四、分枝杆菌属	1. 结核分枝杆菌	(1) 形态、染色、培养特性和抵抗力

(续表)

单元	细目	要点
		(2) 结核分枝杆菌感染的免疫特点
		(3) 结核菌素试验的原理、结果判断和应用
		(4) 微生物学检查和防治原则
	2. 麻风分枝杆菌	形态、染色和致病性
十五、放线菌属和奴卡菌属	放线菌属和诺卡菌属	主要致病性放线菌及其致病性
十六、动物源性细菌	1. 布鲁菌属	形态、染色、种类和所致疾病
	2. 耶尔森菌属	鼠疫杆菌的形态、染色、致病物质和所致疾病
	3. 炭疽芽孢杆菌	形态、染色、抵抗力、所致疾病和防治原则
十七、其他细菌	1. 流感嗜血杆菌	形态、染色、培养特性及所致疾病
	2. 百日咳鲍特菌	形态、染色、所致疾病和防治原则
	3. 幽门螺杆菌	形态、染色、培养特点及所致疾病
	4. 军团菌	传播途径及其所致疾病
	5. 铜绿假单胞菌	形态、染色、色素及所致疾病
	6. 弯曲菌属	生物学性状、致病性及其防治原则
十八、支原体	1. 生物学性状	支原体的概念、培养特性及其与细菌 L 型的区别
	2. 主要病原性支原体	(1) 肺炎支原体所致疾病
		(2) 溶脲脲原体所致疾病
十九、立克次体	1. 生物学性状	概念、形态、染色及其培养特性
	2. 主要病原性立克次体	普氏立克次体、斑疹伤寒立克次体、恙虫病立克次体和伯氏考克斯体（Q 热柯克斯体）的传染源、传播媒介和所致疾病
二十、衣原体	1. 生物学性状	概念、形态、染色及培养特性
	2. 主要病原性衣原体	(1) 沙眼衣原体的亚种和所致疾病
		(2) 肺炎衣原体所致疾病
二十一、螺旋体	1. 钩端螺旋体	形态、染色、培养特性、所致疾病和防治原则
	2. 密螺旋体	梅毒螺旋体的形态、染色、所致疾病及其防治原则
	3. 疏螺旋体	伯氏疏螺旋体的形态、染色及所致疾病
二十二、真菌	1. 概述	真菌及其分类、形态与结构、培养特性及致病性
	2. 主要病原性真菌	(1) 皮肤癣真菌常见的种类和致病性
		(2) 白假丝酵母菌（白念珠菌）的生物学性状、致病性和微生物学检查
		(3) 新生（型）隐球菌的生物学性状、致病性和微生物学检查
二十三、病毒的基本性状	1. 病毒的形态	病毒体的概念和测量单位
	2. 病毒的结构和化学组成	(1) 病毒的结构和对称性
		(2) 病毒的化学组成与功能
	3. 病毒的增殖	病毒增殖的过程
	4. 理化因素对病毒的影响	(1) 物理因素
		(2) 化学因素
二十四、病毒的感染和免疫	1. 病毒的传播方式	水平传播和垂直传播
	2. 病毒的感染类型	慢性感染、潜伏感染和慢发病毒感染
	3. 致病机制	(1) 病毒对宿主细胞的直接作用
		(2) 病毒感染的免疫病理作用
	4. 病毒的感染与免疫	(1) 抗病毒感染的免疫
		(2) 干扰素的概念、抗病毒机制及应用

(续表)

单　元	细　目	要　点
二十五、病毒感染的检查方法和防治原则	1. 病毒感染的检查方法	(3) 中和抗体的概念及作用机制 (1) 标本的采集和送检 (2) 病毒分离培养方法 (3) 病毒感染的血清学诊断方法
	2. 病毒感染的防治原则	人工主动免疫和被动免疫及其常用制剂
二十六、呼吸道病毒	1. 正黏病毒	(1) 人流感病毒及禽流感病毒生物学性状和变异 (2) 致病性和免疫性
	2. 副黏病毒	(1) 麻疹病毒的致病性、免疫性和防治原则 (2) 腮腺炎病毒的致病性
	3. 冠状病毒	(1) 冠状病毒生物学性状 (2) SARS冠状病毒致病性及防治原则
	4. 其他病毒	(1) 腺病毒的生物学性状和致病性 (2) 风疹病毒的致病性及防治原则
二十七、肠道病毒	1. 概述	人类肠道病毒的种类和共性
	2. 脊髓灰质炎病毒	型别、致病性、免疫性和防治原则
	3. 柯萨奇病毒和埃可病毒	致病性
	4. 急性胃肠炎病毒	轮状病毒的形态、致病性
二十八、肝炎病毒	1. 甲型肝炎病毒	(1) 生物学性状 (2) 致病性与免疫性 (3) 微生物学检查和预防措施
	2. 乙型肝炎病毒	(1) 生物学性状 (2) 致病性与免疫性 (3) 微生物学检查和预防措施
	3. 丙型肝炎病毒	(1) 生物学性状 (2) 致病性与免疫性 (3) 微生物学检查和预防原则
	4. 丁型肝炎病毒	生物学特点和致病性
	5. 戊型肝炎病毒	(1) 生物学性状 (2) 致病性 (3) 微生物学检查
二十九、虫媒病毒	1. 流行性乙型脑炎病毒	传播途径、致病性、免疫性和防治原则
	2. 登革病毒	致病性
三十、出血热病毒	汉坦病毒	形态、结构、培养特性、主要型别、流行环节、致病性及免疫性
三十一、疱疹病毒	1. 单纯疱疹病毒	致病性
	2. 水痘—带状疱疹病毒	致病性
	3. 巨细胞病毒	致病性
	4. EB病毒	致病性
三十二、反转录病毒	人类免疫缺陷病毒	(1) 形态、结构、复制和变异 (2) 传染源和传播途径、感染过程和致病机制 (3) 微生物学检查 (4) 防治原则
三十三、其他病毒	1. 狂犬病病毒	生物学性状、致病性和防治原则
	2. 人乳头瘤病毒	致病性
三十四、亚病毒	朊粒	(1) 生物学性状 (2) 致病性

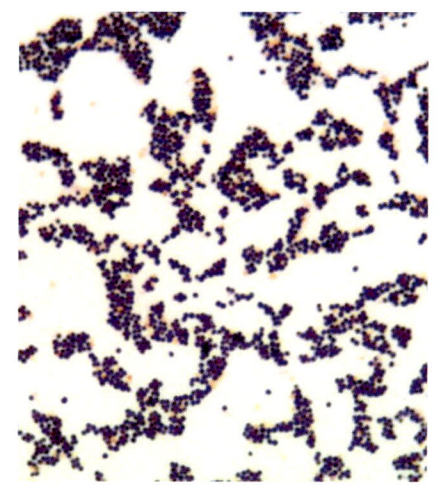
彩图 1 葡萄球菌

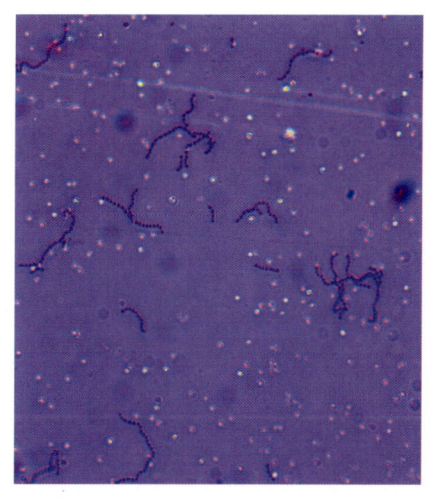
彩图 2 链球菌（革兰染色）

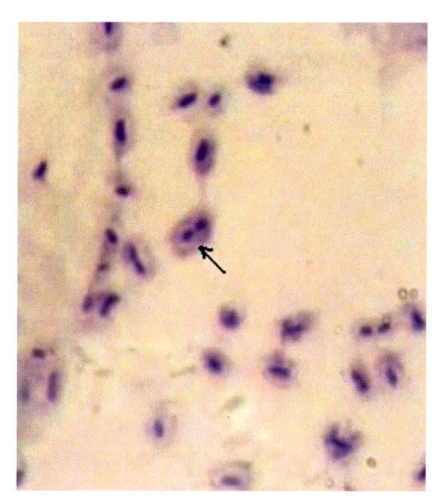
彩图 3 肺炎链球菌（荚膜染色）

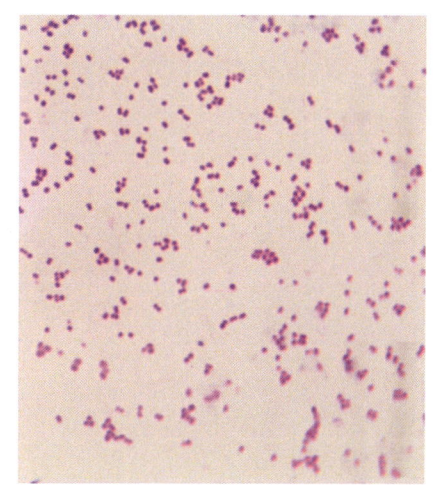
彩图 4 脑膜炎奈瑟菌

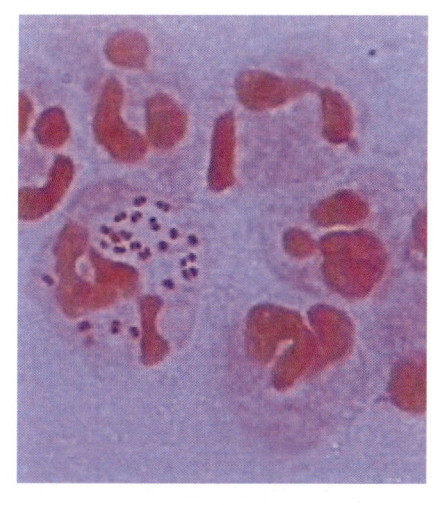
彩图 5 淋病奈瑟菌

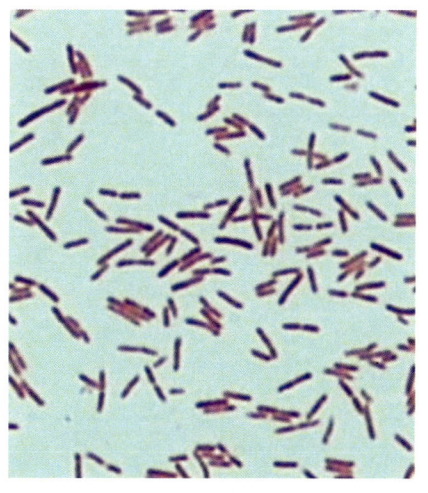
彩图 6 杆菌

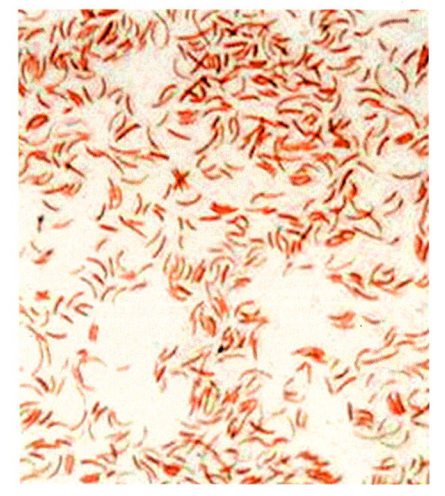
彩图7 弧菌

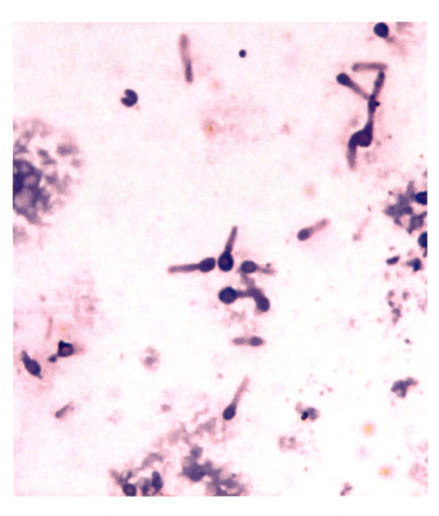
彩图8 破伤风梭菌

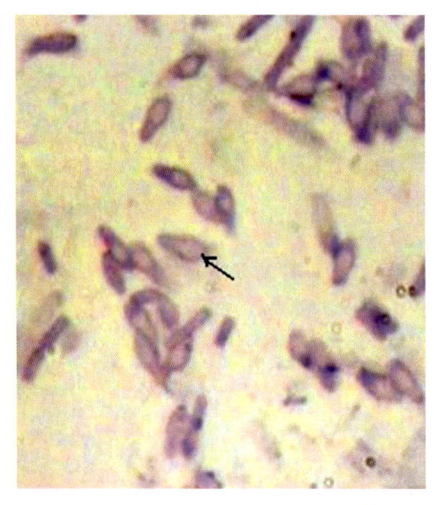
彩图9 肉毒芽孢梭菌（芽孢染色）

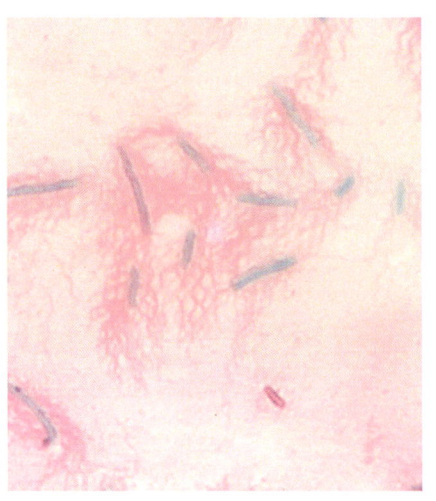
彩图10 变形杆菌鞭毛

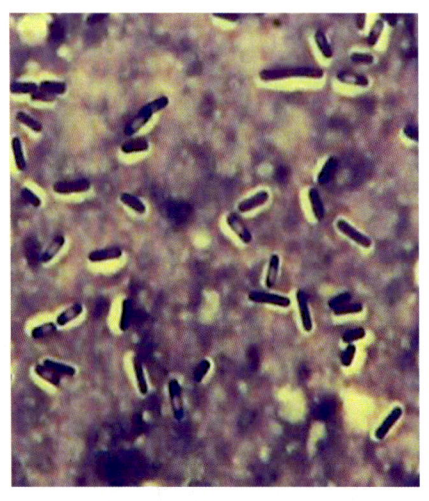
彩图11 产气荚膜梭菌
（荚膜染色）

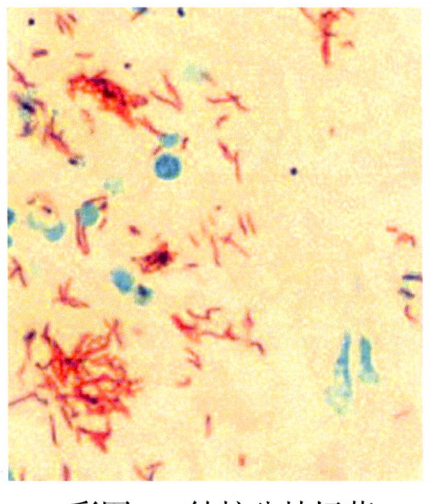
彩图12 结核分枝杆菌
（抗酸染色）

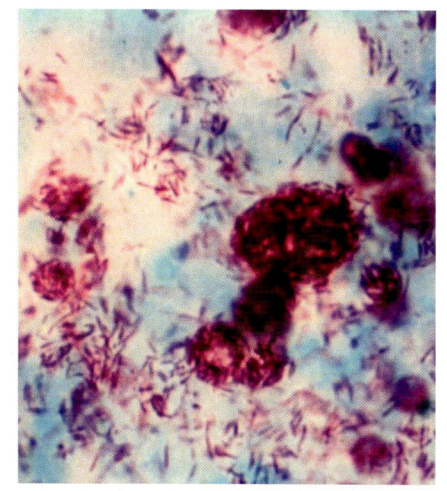

彩图 13 麻风分枝杆菌（抗酸染色）

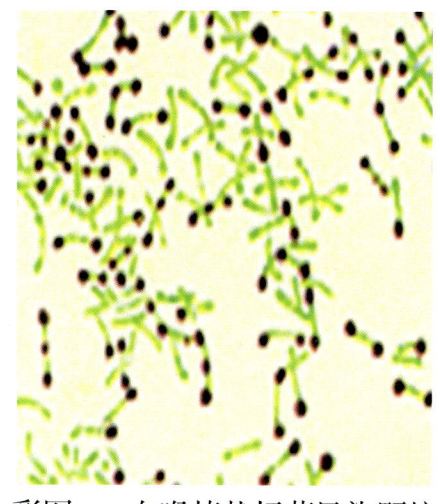

彩图 14 白喉棒状杆菌异染颗粒
（Albert 染色）

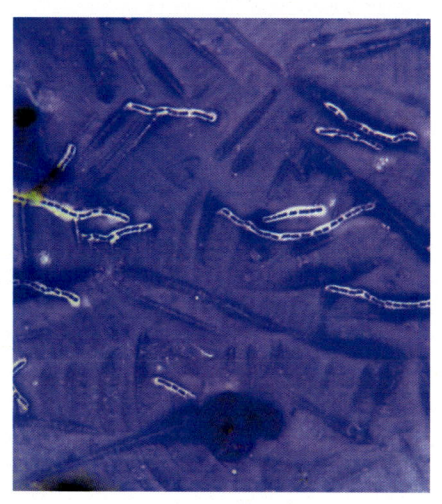

彩图 15 炭疽芽胞杆菌

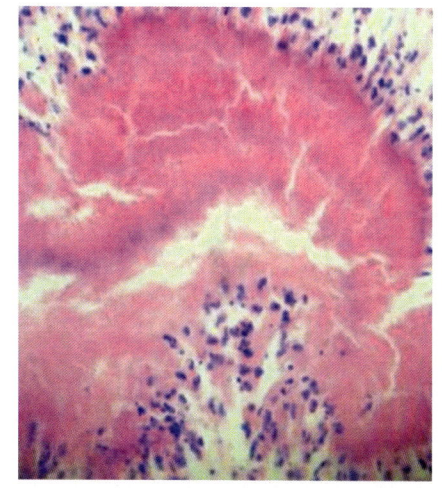

彩图 16 放线菌硫黄样颗粒压片
（HE 染色）

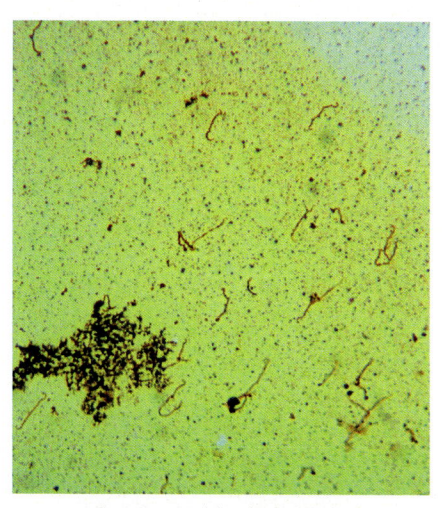

彩图 17 钩端螺旋体

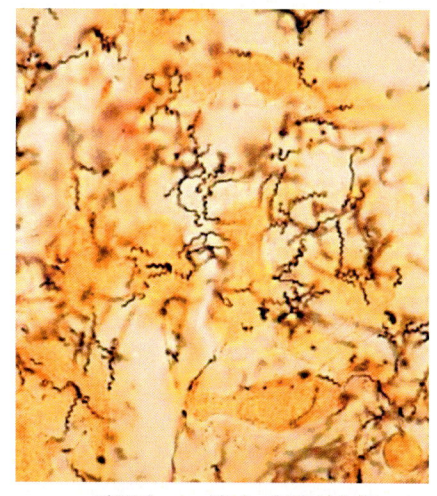

彩图 18 苍白密螺旋体
（Fantana 镀银染色）

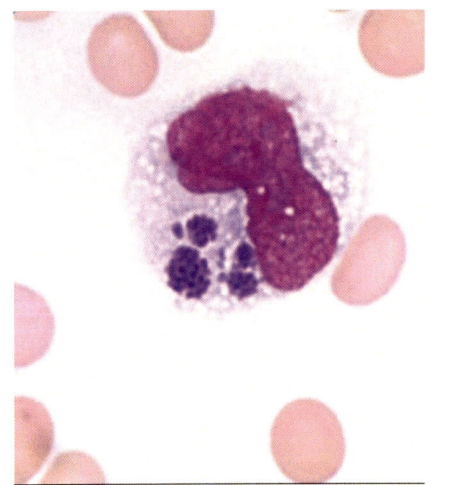

彩图 19 立克次体

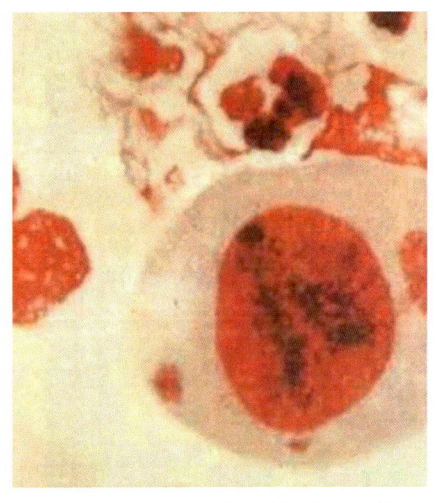

彩图 20 沙眼衣原体包涵体

彩图 21 炭疽芽胞杆菌菌落

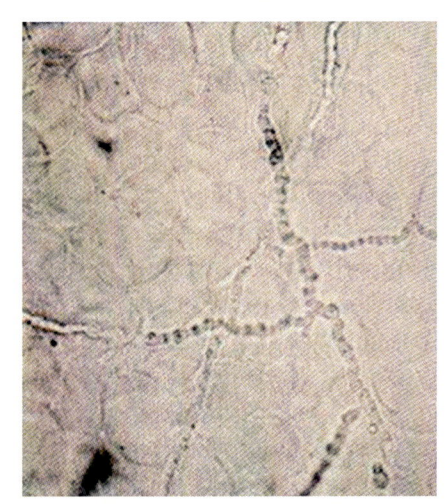

彩图 22 皮屑压片（10%KOH 处理）

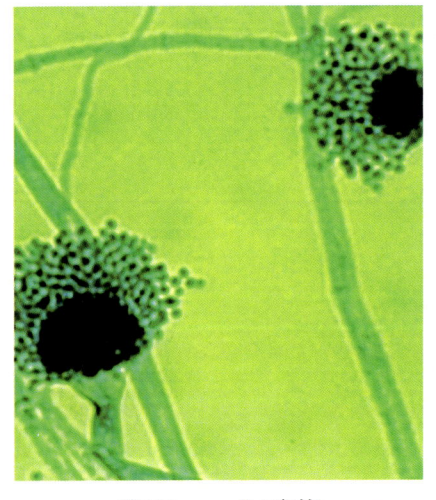

彩图 23 曲霉菌
（乳酸酚棉兰染色）

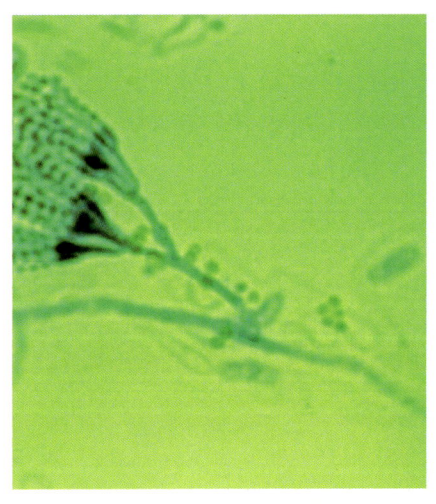

彩图 24 青霉菌
（乳酸酚棉兰染色）